THETAHEALING®
Você e o Criador

Aprofunde sua Conexão
com a Energia da Criação

Vianna Stibal
Criadora do Thetahealing®

THETAHEALING®
Você e o Criador

Aprofunde sua Conexão
com a Energia da Criação

Tradução:
André Dias Siqueira, Giti Bond
e Gustavo Barros

Publicado originalmente em inglês sob o título *ThetaHealing – You and The Creator*, por Hay House UK Ltd.
© 2020, Vianna Stibal.
Direitos de edição e tradução para todos os países de língua portuguesa.
Tradução autorizada do inglês.
© 2024, Madras Editora Ltda.

Editor:
Wagner Veneziani Costa *(in memoriam)*

Produção e Capa:
Equipe Técnica Madras

Tradução:
André Dias Siqueira, Giti Bond e Gustavo Barros

Revisão da Tradução:
Arlete Genari

Revisão:
Arlete Genari

Dados Internacionais de Catalogação na Publicação (CIP)
(Câmara Brasileira do Livro, SP, Brasil)

Stibal, Vianna
Thetahealing: Você e o Criador: Aprofunde sua Conexão com a Energia da Criação / Vianna Stibal;
tradução André Dias Siqueira, Giti Bond, Gustavo Barros.
3. ed. -- São Paulo: Madras Editora, 2024.
Título original: ThetaHealing You and the Creator

ISBN 978-65-5620-014-9
1. Autorrealização (Psicologia) 2. Cura espiritual
3. Medicina energética 4. Meditação I. Título.

Índices para catálogo sistemático:
1. Cura energética : Terapia holística 615.8
Aline Graziele Benitez - Bibliotecária - CRB-1/3129

É proibida a reprodução total ou parcial desta obra, de qualquer forma ou por qualquer meio eletrônico, mecânico, inclusive por meio de processos xerográficos, incluindo ainda o uso da internet, sem a permissão expressa da Madras Editora, na pessoa de seu editor (Lei nº 9.610, de 19/2/1998).

Todos os direitos desta edição, em língua portuguesa, reservados pela

MADRAS EDITORA LTDA.
Rua Paulo Gonçalves, 88 — Santana
CEP: 02403-020 — São Paulo/SP
Tel.: (11) 2281-5555 — (11) 98128-7754
www.madras.com.br

Nota do Editor Internacional

Os recursos, abordagens e técnicas descritas neste livro não se destinam a suplementar ou ser um substituto de cuidados ou tratamentos médicos profissionais. Você não deve tratar uma doença grave sem consulta prévia de um profissional qualificado de saúde. Nem a autora nem o editor podem ser responsabilizados por qualquer perda, reclamação ou dano decorrentes do uso ou uso indevido das sugestões feitas, a falta de aconselhamento médico, ou por qualquer material em sites de terceiros.

Índice

Prefácio 11
Introdução 15
    O Caminho ao Criador 16

Capítulo 1

Dentro dos Quatro Níveis 27
    A Mente Consciente 28
    A Mente Subconsciente 29
    Os Quatro Programas de Crenças 30
    Conhecer a Si Mesmo 32

Capítulo 2

Os Aspectos de Crenças 36
    Os Quatro Aspectos do Nível Central 37
    Os Quatro Aspectos do Nível Genético 39
    Os Quatro Aspectos do Nível Histórico 41
    O Nível de Alma 42

Capítulo 3

Trabalhando com os Diferentes Aspectos 47
    Autodigging 50

A Subcorrente Negativa 54
O Eu Oculto Subcorrente Genético 58
Um Sistema de Crenças Histórico 63
Aspectos do Trabalho de Escavação 70

Capítulo 4
Conhecendo a Diferença Entre Si e Criador 75
Estar Consciente das Respostas 76

Capítulo 5
Entendendo as Mensagens do Criador 83

Capítulo 6
Mensagens Intuitivas do Criador 89
Restaurante do Charlie 89
Anatomia Intuitiva na Nova Zelândia 91
Furacão Sandy 92
Aprimorando a Comunicação com o Criador 93

Capítulo 7
Resolvendo as Questões 97
Egolatria 97
Dominar ou Conduzir 98
Poder 99
Instintos Primários 99
Questões dos Quatro Rs 100
Preso ao Passado 113
Reconfigurando o Passado, o Presente
E o Futuro 114
O Corpo Fala 117
A Luta do DNA pela Supremacia 121

Fadiga do Curador 122
Exaustão 123
Medo 123
Raiva 124
Eu, Eu, Eu – Me dê, É Meu, Eu Quero 125
Responsabilizar o Criador 127
Dar Ultimatos ao Criador 127
Pressão do Grupo 128
Brain Candy 129

Capítulo 8
Princípios para Mensagens Claras 133
Bom Senso Espiritual 133
Interpretação 134
Realizar 134
Motivação 135
Desenvolver Virtudes 136
A Pergunta Certa 136
A Energia Vital 137
Forças Invisíveis 137
Bravura 138
Discernimento Verdadeiro 138
Reorientar os Pensamentos 139
Ajudar Outras Pessoas 139
Confiar nas Suas Decisões 139
Confiar no Criador 140
Tempo Divino 140
Intervenção Divina 141
Trazer a Família para a Iluminação 143

Viver 144
A Batalha com o Eu de Sobrevivência 144
Doença 146
Desintoxicação – Pensamentos e Corpo Físico 147
Leituras Fazem Você Melhor 147
Deixar a Dor para Trás 148
Mensagens dos Planos 150
O Sentimento dos Sete Planos da Existência 152
Mensagens Finais de Vianna 159
Glossário 163
Sobre os Tradutores 169

Prefácio

ThetaHealing® é uma filosofia e um **sistema de cura** completo que pode ser usado para mudar crenças autolimitantes, melhorar crenças positivas, bem como para autocompreensão e evolução espiritual para o benefício da humanidade.

Essas práticas são baseadas na onda cerebral Theta, que eu acredito que cria curas física, psicológica e espiritual. Uma vez que estejamos em puro e divino **estado Theta** da alma, podemos nos conectar com o Criador por meio da oração focada. O Criador nos deu o conhecimento fascinante que você está prestes a receber; isso mudou minha vida e a vida de muitas pessoas.

Este livro foi desenvolvido para servir como um guia aprofundado para se comunicar com o **Criador de Tudo o Que É**. Acompanha os livros *ThetaHealing – Introdução a uma Extraordinária Técnica de Transfomação Energética, ThetaHealing Avançado, ThetaHealing Digging – Cavando para Encontrar Crenças* e *ThetaHealing – Os Sete Planos da Existência*.

No primeiro livro: *ThetaHealing - Introdução a uma Extraordinária Técnica de Transfomação Energética*, eu explico o passo a passo dos processos do ThetaHealing que são: leitura, cura, **trabalho de crença**, trabalho de sentimento, **trabalho de Digging**, trabalho de genes e ofereço uma introdução aos Planos da Existência, assim como um capítulo sobre Crianças Arco-íris.

O livro seguinte, *ThetaHealing Avançado*, oferece um guia mais aprofundado para o trabalho de crenças, escavação, além de percepções mais profundas sobre os Planos da Existência e os **downloads** de **programas** de crenças que eu acredito serem essenciais para a evolução espiritual.

O próximo livro, *ThetaHealing Digging - Cavando para Encontrar Crenças*, define trabalho de crença e é necessário ter uma compreensão do seu conteúdo para utilizar plenamente as práticas aqui descritas. Já o livro *ThetaHealing - Os Sete Planos da Existência* define a filosofia do ThetaHealing.

É preciso alcançar um entendimento dos processos que são fornecidos no ThetaHealing para utilizar plenamente as práticas descritas neste livro. Há também um glossário, que pode ser útil se você é novo no ThetaHealing.

Há, no entanto, um requisito que é absoluto com o ThetaHealing e as técnicas descritas neste livro: você deve ter uma crença central em uma energia que flui através todas as coisas. Alguns podem chamá-la de "Criador de Tudo O Que É", "Criador", "Energia Criadora" ou "Inteligência Universal". Com estudo e prática, qualquer pessoa pode usar ThetaHealing; qualquer um que acredita no Criador ou na essência de Tudo O Que É, que flui por todas as coisas.

O ThetaHealing não tem afiliação religiosa. Nem são seus processos específicos para qualquer idade, sexo, raça, cor, credo ou religião. Qualquer pessoa aberta à crença na inteligência universal ou energia criadora pode acessar e usar as ramificações da árvore ThetaHealing. Ainda que eu compartilhe essas informações com você, não assumo qualquer responsabilidade pelas mudanças que possam ocorrer a partir do uso delas. A responsabilidade é sua, uma responsabilidade que você assume quando percebe que tem o poder de mudar sua vida, bem como a vida de outras pessoas.

Introdução

No ThetaHealing, acreditamos que podemos nos conectar com a energia vital criadora e usar nossa intuição da maneira mais elevada quando estamos em estado Theta. Quando ensino esse conceito aos alunos, eles constantemente perguntam: "Como eu sei se estou conectado à verdadeira 'energia do Criador', essa 'energia vital de Deus', esse 'espírito que se movimenta em todas as coisas', ou se isso simplesmente são meus pensamentos? Como eu sei a diferença?".

Para responder a essa questão, digo: "Você deve conhecer a si mesmo. Entender a si mesmo para conhecer completamente a diferença entre seus pensamentos e inspiração divina". Geralmente, contudo, essa habilidade vem somente por meio de experiência, por isso eu criei um curso e este livro para ajudar as pessoas a conhecerem a si mesmas em um nível mais íntimo.

O CAMINHO AO CRIADOR

O ThetaHealing passou por diferentes estágios de desenvolvimento desde que começou. Primeiramente, os alunos aprenderam a subir e se "conectar" à energia do Criador, a partir do Quinto Plano, e em estudos iniciais nós descobrimos que essa conexão permitia-os alcançar uma onda Theta para obter resultados.

Usando um eletroencefalograma para rastrear a atividade cerebral, nós descobrimos que imaginar ir acima, focando na forma-pensamento "Criador" (embora a pessoa entendesse ser Criador ou Deus), faria com que o cérebro fosse a um estado de sonho – uma leve **onda cerebral Theta** – e diminuísse a velocidade para quatro a sete ciclos por segundo. Isso parece sugerir que sabemos que, em algum nível do nosso ser, há algo para se conectar.

Então eu ensinei os alunos a subir, indo além de todos os planos da existência até **o Sétimo Plano** e estar naquela energia para se tornar parte do puro amor do Criador. Isso se tornou o "Caminho ao Criador" e foi um enorme avanço. A meditação permitiu-lhes passar do dogma autolimitante em suas mentes à realização de uma reconhecida conexão ao Tudo O Que É – mente, corpo e espírito.

Em estudos posteriores, conduzi experimentos com um eletroencefalograma mais avançado, que produziu imagens de computador de atividade cerebral específica enquanto os alunos estavam em meditação. Todas as imagens do eletroencefalograma mostraram atividades aderentes na área superior do cérebro dos alunos. Em uma situação semelhante, eu medi o que aconteceu quando um curador estava curando outra pessoa. Medições posteriores mostraram que uma vez que esteja na onda cerebral Theta, a pessoa que está recebendo a cura está na onda cerebral Theta também. Então, tanto o curador quanto o cliente, muitas vezes, vão para uma onda Delta, normalmente de dois ciclos por segundo, à medida que a cura acontece.

Quando comecei a ensinar os alunos a usar a meditação do Caminho ao Criador, minha própria conexão com o Criador foi ampliada. A etapa seguinte foi fazer com que os alunos se conectassem de forma consistente ao Sétimo Plano e ao Criador para entender o que pode estar impedindo-os de fazer essa conexão. Até hoje, uma das perguntas mais comuns que os alunos fazem é: "Como eu sei que estou conectado ao Sétimo Plano e ao Criador?".

Você está sempre conectado ao Criador, mas chegar a essa percepção pode demandar treino. Quanto mais você imaginar como você se sentirá, melhor será a sua experiência. Embora muitas pessoas pensem: "Bem, se eu imagino, logo não é real...". Pense sobre isso. Tudo na vida tem de ser imaginado antes que possa se tornar uma "realidade". Não confunda imaginação com fantasia.

Eu digo aos alunos: "imagine que você está indo ao Criador". Para ajudar aqueles que pensam que a palavra "imaginar" significa que aquilo não é real, eu uso a palavra "visualizar". No entanto, essa palavra vem com seus próprios desafios; como alguns dizem: "Não vejo, sinto isso". Isso é bom! Eu quero que todos sintam a energia de serem completamente amados. Então, quando você se imagina indo ao Criador, pergunte-se: "Qual seria a sensação de ter essa experiência? Qual seria a sensação de ter essa energia passando pelo meu corpo? Como seria estar na energia da criação?".

Aqui segue a simples, mas poderosa meditação do Caminho ao Criador na qual você visualiza, imagina e sente a energia surgindo da Terra e subindo pelo seu corpo, indo ao topo de sua cabeça até você sentir uma leve pressão no chacra da coroa. Essa energia vai acima da sua cabeça e viaja através do universo, através de camadas e camadas de luz.

MEDITAÇÃO – CAMINHO AO CRIADOR

Durante a prática desta meditação, é importante lembrar que "subir" é um processo gentil e suave. Se você está forçando a energia à medida que você sobe, você pode começar a prender sua respiração e até mesmo ter dor de cabeça, então lembre-se de respirar normalmente. Você pode perceber que sua língua está tocando o céu da boca e começar a ter respiração abdominal durante a meditação. As duas situações são naturais.

1. Respire profundamente e feche os olhos. Imagine a energia vindo das profundezas da terra, subindo pela sola dos seus pés, movendo-se por todo o seu corpo, subindo ao topo da sua cabeça e formando uma linda bola de luz. Imagine que você está dentro dessa bola de luz.

2. Imagine-se subindo pelo universo, através de camadas e camadas de luz, através de uma luz dourada, através de uma substância gelatinosa até uma luz branca radiante.

3. Quando você alcançar esse ponto, diga: "Criador de Tudo O Que É, gratidão por minha vida". Diga: "Grato, está feito, está feito, está feito".

4. Sinta essa luz branca iridescente passar por cada célula do seu corpo. Isso é a energia vital que cria átomos, a energia que nos conecta a tudo.

5. Respire profundamente e abra os olhos.

• •

Cada vez que você praticar essa meditação, você vai se aprofundar na onda cerebral Theta. Quanto mais você entra em Theta, mais seguro vai se sentir, então sua mente irá se soltar e você sentirá a energia.

Quando eu entro nesse estado meditativo, posso sentir a energia movendo-se ao meu redor, em outras pessoas e na natureza. Isso ocorre porque passo muito tempo trabalhando com outras pessoas, permitindo-me sentir essas energias. Atingir essa profundidade em Theta ao trabalhar com cura é um sentimento incrível. Você pode sentir uma energia forte semelhante ao que acontece na terapia sacrocraniana, quando seu corpo inteiro balança suavemente para a frente e para trás.

Dê à sua mente a chance de aprender a ir fundo nessa meditação. Você vai naturalmente a um estado Theta profundo quando dorme e está em um estado de sonho, logo você vai saber que está nesse estado quando você sentir como se estivesse em um sonho.

Quanto mais fundo você estiver nesse padrão de onda cerebral, mais real é a experiência. Você também vai descobrir que cada chacra se abre quando você se imagina subindo ao Criador. Eventualmente, os chacras não serão mais entidades de energias separadas, pois eles se fundirão ao se tornar uma faixa contínua de energia.

Se a qualquer momento você se sentir incomodado com a meditação, há alguma razão para isso. Pode ser por causa das crenças de seus ancestrais. Herdamos muitas crenças diferentes, mas uma coisa que nos torna quem somos é a religião. A maioria dos meus alunos vem de origens religiosas, ou seus avós eram religiosos. Se a linhagem familiar deles for religiosa, pode ser que eles tenham herdado um programa genético que sabe que existe um Criador.

Mas se os ancestrais em sua linhagem genética acreditavam que tudo o que aconteceu ao redor deles foi "culpa do Criador" em um sentido negativo, isso pode deixá-lo um pouco nervoso ao se conectar completamente a essa energia. No entanto, se seus ancestrais tiveram um tipo diferente de percepção – por exemplo, somos uma parte de tudo o que é; há um espírito que se move através de todas as coisas, aquilo que criou a vida – daí a meditação será muito mais fácil para você porque ela não será filtrada pelo **sistema de crença** dos seus ancestrais.

Esse é apenas um exemplo de como a meditação do Caminho ao Criador pode ser afetada pelo sistema de crença que pertence ao passado, presente e futuro e se desenvolveu na sua vida até agora. Temos em nós energias que nos tornam quem somos e elas são chamadas de "sistemas de crenças". O que acreditamos que somos, a nossa autoimagem. Quando você se conecta com a energia vital que é mais do que o universo, você tem permissão para usar essa energia, mas às vezes o trabalho de crença é necessário para ser capaz de senti-la e acreditar nela.

Tive uma aluna que assistiu a 20 cursos e ainda assim não conseguia visualizar nada. Ela me disse: "Todas as respostas que recebo estão em minha mente". Então, um dia, ela teve um *insight* e substituiu uma crença para que pudesse visualizar.

DOWNLOADS

À medida que você se conecta com o Criador, talvez não sinta que está tão profundo na meditação quanto possivelmente possa estar. É aí que você começa a fazer trabalho de crenças e a usar *downloads* que vão libertar sua mente. Às vezes é necessário baixar o *download* de "como é estar no Sétimo Plano", e a meditação pode se tornar uma experiência melhor. Ensinar a si mesmo como é e que é seguro conectar-se ao Criador pode lhe trazer uma experiência diferente.

Aqui estão alguns *downloads* para experimentar:

"Eu sei qual é a sensação de estar no Sétimo Plano com o Criador."

"Eu sei que é seguro conectar-me com a energia da criação."

"Eu sou uma parte da energia da criação."

"Tenho o direito de nascimento de estar conectado a essa energia."

"Eu sempre sou completamente amado e querido nessa energia."

"A energia criativa é a mais elevada inteligência."

"O Criador me ama."

"Eu sei como é para as células do meu corpo ter uma consciência da energia do Criador."

Depois de baixar esses programas, faça a meditação do Caminho ao Criador novamente.

CAMINHO AO CRIADOR PARA RECEBER AMOR INCONDICIONAL

A segunda vez que você usar esta meditação, ela deve parecer mais natural, e você vai experimentar o perfeito amor incondicional.

1. Respire fundo e feche os olhos. Imagine a energia subindo pelos seus pés. Pode começar trazendo energia das profundezas da terra, subindo pelas solas de seus pés, subindo por todo o seu corpo, subindo para o topo da sua cabeça, formando uma linda bola de luz. Imagine que você está nessa luz.

2. Vá além do universo, através de camadas e camadas de luz, através de uma luz dourada, passando por uma espessa substância gelatinosa até chegar em uma luz muito branca iridescente.

3. Diga: "Criador de Tudo O Que É, agradeço por minha vida".

4. Desta vez, você continua e diz: "Criador, é solicitado que eu sinta a energia do amor incondicional em cada célula do meu corpo".

5. Imagine e testemunhe essa energia de luz branca e radiante, de amor perfeito, passando por cada célula do seu corpo.

6. Diga: "Grato, está feito, está feito, está feito".

7. Abra os olhos.

••

Quando você estiver no Sétimo Plano, lembre-se de permitir-se sentir a energia. Digo isso porque eu percebo que alguns alunos ficam em sua "bola de luz" quando eles chegam ao Sétimo Plano. Mas ao deixar a bola e transformá-la em uma luz branca radiante, você poderá sentir a energia do Sétimo Plano. Outras pessoas sobem em suas "bolas de luz" com seus olhos fechados, mas você precisa se imaginar abrindo seus olhos para que possa testemunhar o Sétimo Plano.

Depois de usar a meditação do Caminho ao Criador, eu acredito que o cérebro libera um pouco mais de serotonina, endorfinas e, talvez, hormônio de crescimento, da mesma forma que ocorre durante os ciclos de sono e sonho.

Além disso, quando você começa a usar a meditação Caminho ao Criador, você pode descobrir que deseja alimentos que vão repor os hormônios de que você precisa para ter uma melhor experiência de visualização. Chocolate, pipoca, leite orgânico, peru e ovos contêm triptofano e podem ser úteis. Você pode também desejar abacates ou ômega 3, 6 e 9, e eu descobri que aminoácidos também são úteis. Isso é a resposta da mente à meditação, pedindo a nutrição adequada para ter uma experiência melhor.

RECEBENDO MENSAGENS

Conforme você aprende a subir e se manter em estado Theta, você vai receber mensagens. No entanto, às vezes os alunos descrevem as mensagens que recebem em leituras e fica claro que elas não são do Criador. A mais elevada energia do amor não traria mensagens na forma que algumas pessoas canalizam. A energia da criação nos ama e é a mais elevada inteligência.

Isso acontece porque as mensagens são filtradas pelo cérebro e nem sempre são claras. Às vezes, as curas funcionam perfeitamente e, às vezes, elas não funcionam. O motivo disso se torna claro quando um aluno sente a necessidade de perguntar: "Como eu sei quando estou falando com o Criador?".

Tornou-se óbvio que eu tinha de levar o ThetaHealing a um nível mais profundo. Para desenvolver suas habilidades, tive de ensinar os alunos a:

- Perceber que cada decisão que eles já haviam tomado importa. Na realidade, todos nós criamos a nós mesmos e o que queremos ser. Se percebêssemos que tudo em nossas vidas está nos ensinando lições valiosas, não seríamos tão duros conosco.

- Confiar que eles estavam tomando as decisões certas e saber por que eles as tomam.

- Compreender a diferença entre inspiração divina e a mente subconsciente.

- Compreender seu eu sobrevivente, o eu subcorrente, o ego negativo e o eu superior.

- Comunicar-se com o Criador com mais clareza.

- Direcionar suas vidas para se tornarem mais iluminados.

No ThetaHealing, "iluminado" significa estar completamente consciente de que você é parte da energia do "Todo" em todos os níveis do seu ser. Estar consciente de outros planos e energias não significa que você é iluminado. Para se iluminar, é preciso perceber isso em todos os níveis: físico, mental e espiritual, não somente intelectual.

O ThetaHealing está despertando mestres para lembrar que eles já foram um mestre deste plano da existência e usaram a energia do "Todo" para criar. Acordar para a realidade que todos nós somos centelhas de Deus e lembrar como, mais uma vez, conectar à energia da criação, à vontade.

Capítulo 1

Dentro dos
Quatro Níveis

Nosso espírito reside em nosso corpo humano. Completo, com um cérebro como um supercomputador, é o mais incrível sistema de apoio à vida já criado. Esse cérebro aprende a como pensar em níveis mais elevados, compreende o significado de sentimentos e emoções e como controlá-los e tem o trabalho de acessar e processar informação.

Desde o momento que você nasce até ao que você deixa este plano de existência, seu cérebro está coletando informações e decidindo como ordená-las. Algumas dessas informações se tornam crenças na nossa mente e outras não, dependendo de quão importantes elas são para o indivíduo. Nosso computador cerebral está constantemente deslocando e transformando crenças para nós progredirmos.

Muitos poucos de nós tomam tempo para contemplar o quanto a mente humana é extraordinária e que, por ela ser um supercomputador, nunca para de resolver problemas. A mente tem dois componentes essenciais: o **consciente** e o **subconsciente**. Para esses dois componentes trabalharem juntos, a mente consciente deve ter uma consciência do que o subconsciente está fazendo.

A MENTE CONSCIENTE

O filósofo grego Platão escreveu: "Talvez nenhum aspecto da mente seja mais familiar ou mais surpreendente do que a consciência e nossa experiência consciente do eu e do mundo", enquanto que no dicionário *Webster's*, consciência é descrita como "estado ou qualidade de atenção, ou de ser consciente de um objeto externo ou algo dentro de si mesmo." É definida como consciência senciente.

Essas definições são descrições da mais poderosa natureza de experiência humana. Todas as experiências humanas e animais neste plano terrestre começam e terminam com a consciência. Tudo o que temos, fazemos e sentimos decorre da nossa consciência. Ela criou tudo que é físico e é a conexão com os reinos espirituais.

Mesmo que a mente consciente execute apenas 10% do nosso cérebro, ela coleta dados externos de nosso mundo e toma decisões. Ela sabe quando nossos sentimentos são feridos e registra tudo no subconsciente. Precisamos do valioso recurso da mente consciente para tomar nossas decisões e devemos sempre lembrar quão importante ela é.

Alguém pode estar ouvindo uma palestra, mas, ao mesmo tempo, seu coração está batendo, ele está respirando automaticamente, suas células ainda estão se dividindo, junto a uma série de outros processos – todos executados pelo cérebro sem percepção consciente. A mente consciente e é como o motorista de um carro. Enquanto dirigimos o carro, a maioria de nós não pensa sobre a mecânica interna que o faz funcionar, mas sim apenas que ele nos leva ao nosso destino. Sua mente consciente está conduzindo você ao longo da sua vida para alcançar pontos de destino, mas pode não estar totalmente ciente do que está acontecendo com alguns aspectos da mente subconsciente.

A MENTE SUBCONSCIENTE

A mente subconsciente dirige 90% de nossas vidas e é onde memórias e sentimentos são acessados. O subconsciente está conectado ao seu sistema nervoso autônomo (SNA) que reage e sinaliza isso. Na verdade, a maioria de suas funções corporais está trabalhando automaticamente sem mensagens diretamente da mente consciente, o que é normal. Mas como o subconsciente reage a estímulos emocionais e estresse?

Nessa função, o subconsciente pode causar mais problemas do que você podia imaginar, a menos que a mente consciente esteja atenta do que ele está fazendo. Mais importante, se entendermos o quanto nosso subconsciente está tentando consertar o passado, seremos mais capazes de direcionar nossa consciência para o futuro.

No entanto, o subconsciente não está tentando sabotar você. Ele está tentando protegê-lo, ao se apegar a crenças e não discriminar entre negativo e positivo. O subconsciente detém o registro da existência de todas as experiências terrenas e é um depósito virtual das crenças que acumulamos ao longo das nossas vidas.

OS QUATRO PROGRAMAS DE CRENÇAS

Quando uma crença se torna aceita como "real", ela se torna um programa e é armazenada na mente subconsciente. Esses programas podem ser para nosso benefício ou prejuízo – depende do que eles são e como reagimos a eles.

O ThetaHealing ensina que há **quatro níveis de crença** nos quais mantemos programas de crenças: **crenças centrais, crenças genéticas, crenças históricas** e **crenças da alma**. Esses níveis são usados como referência para o trabalho de crença e podem ser utilizados como um guia para remover e substituir programas nas sessões de trabalho de crenças.

A seguir está um resumo desses quatro níveis. Para uma explicação mais aprofundada, você pode consultar os livros *ThetaHealing – Introdução a uma Extraordinária Técnica de Transfomação Energética* e *ThetaHealing Digging – Cavando para Encontrar Crenças*.

Nível de crença central

As crenças centrais são como um arquivo de tudo o que aconteceu nesta vida, muitas das quais são aprendidas e aceitas na infância e se tornaram parte de nós – experiências com as quais aprendemos algo. Essas "crenças" são mantidas como energia no lobo frontal do cérebro.

Nível de crença genético

Neste nível, os programas são transportados dos ancestrais ou adicionados aos genes desta vida. Essas crenças são energias armazenadas no DNA que vem de sete gerações anteriores. O nível genético tem informações importantes que são passadas de nossos ancestrais, tais como conhecimento das virtudes, sobrevivência e até mesmo informações sobre a posição deles em nosso passado, onde eles ainda estão tentando resolver os problemas que tiveram na vida.

Nível de crença histórico

Este nível diz respeito a memórias genéticas profundas de mais de sete gerações no passado, lembranças de vidas passadas, experiências coletivas de consciência que carregamos para o presente, ou informações dos registros akáshicos. Essas energias são mantidas no campo áurico da pessoa de cada marca de vida que já existiu.

Nível de crença da alma

Este nível é o nosso aspecto superior que está sempre aprendendo. A alma ainda está aprendendo, de modo que crenças podem ser mudadas no nível da alma. Essas crenças são geralmente crenças raízes ou crenças chaves. Cada pessoa irradia uma essência de alma extraordinariamente inteligente. Cada parte da nossa alma é conectada a nós, mas nossa alma é mais do que tridimensional porque é uma centelha divina do Criador.

• •

Pode ser interessante visualizar o sistema de crenças como uma torre de blocos. O bloco inferior é a crença chave, ou crença raiz, que contém o resto das crenças, a raiz de todos os outros programas acima dela. Esses quatro níveis servem como um guia para remover e substituir programas de crenças. Eles não são separados um do outro e devem trabalhar em harmonia. Um passo mais profundo nesses níveis é conhecer a si mesmo. Para se conhecer, você precisa reconhecer o que pensa em um nível subconsciente. Se você sabe o que está pensando, saberá as motivações de sua mente subconsciente e o quanto isso influencia o comportamento.

CONHECER A SI MESMO

Antes de eu começar o ThetaHealing, recebi todo tipo de informações intuitivas. Mas quando eu fazia leituras profissionalmente, devia ser focada e precisa. Embora a maioria das mensagens que eu recebia sobre meus clientes fosse consistentemente certa, de vez em quando elas não eram. Eu me torturava por estar errada, até que me perguntei: "Qual voz eu devo ouvir? Como sei qual é a voz certa? Qual é a diferença entre as mensagens interiores da minha mente e aquelas que são puras?".

A maioria das pessoas que são intuitivas eventualmente se pergunta essas mesmas questões e é por isso que é tão importante conhecer a si mesmo. Isso ajuda você a conhecer o Criador. Conhecer o Criador torna você *ilimitado*.

Nossas crenças são uma parte integral de nós, então quando mudamos crenças do passado, fazemos descobertas sobre nós mesmos e sobre como uma forma-pensamento se iniciou. Uma das melhores coisas que eu descobri no meu estudo com ThetaHealing foi reconhecer os padrões na minha mente subconsciente e do que ela é capaz.

Essa autocompreensão, por sua vez, tem me ajudado a fazer leitura para outras pessoas. Quando eu faço leituras, observo os padrões de pensamento dos clientes. Ainda que similares em todas as pessoas, cada cliente tem um padrão diferente. Quanto mais eu escuto a pessoa que está falando, mais adentro o espaço dela, mais reconheço os padrões do subconsciente dela. Esses padrões me contam o que o cliente precisa trabalhar. Essa habilidade começa à medida que eu conheço a mim mesma, com uma consciência dos aspectos íntimos dos meus quatro níveis de crença, os quais vou explorar mais profundamente no próximo capítulo.

Capítulo 2

Os Aspectos de Crenças

Aqui está como isso funciona.

Conhecer a si mesmo é a compreensão de que dentro do subconsciente há **quatro aspectos** associados a cada um dos quatro níveis. Esses aspectos têm uma influência poderosa na criação de padrões de comportamento, e conhecer as motivações deles é muito importante para o crescimento pessoal.

Os aspectos do sistema de crenças podem significar que certas crenças nos bloqueiam de nos comunicarmos com o Criador. Um deles é aquele quando nós obtemos uma mensagem pura, ela tem de passar por todos os quatro aspectos, dentro de cada um dos quatro níveis de crenças dentro do nosso cérebro, que eu descrevo em mais detalhes nas páginas seguintes. Dessa forma, nós nos treinamos para reconhecer aqueles aspectos nos outros e, mais importante, em nós mesmos.

Como eu descrevi anteriormente, durante cada curso, alguém pergunta: "Como eu sei que estou ouvindo a resposta certa? Como eu sei a diferença entre minha própria mente e o

Criador?". Se alguém me pergunta isso, é provável que partes de suas mensagens estão vindo de algum dos aspectos do seu cérebro.

Quando você aprende a reconhecer os quatro níveis de crenças do ThetaHealing, você pode começar a perceber que há outros *aspectos* dentro desses níveis. Cada aspecto dentro dos níveis tem um propósito, e é importante saber se e como eles estão influenciando sua comunicação com o Criador. É importante conhecer a diferença entre esses aspectos e se eles influenciam suas ações. Com um pouco de esforço, você pode compreender a si mesmo de uma maneira muito mais profunda. Isso não muda a forma de fazer o trabalho de crença. Você ainda está fazendo trabalho de crenças nos quatro níveis de crença, mas com um conhecimento dos quatro aspectos.

OS QUATRO ASPECTOS

Há quatro aspectos dentro de cada um dos quatro níveis de crenças.

Os níveis central, genético e histórico compartilham dos mesmos aspectos e são organizados da mesma forma:

1. O aspecto do eu de sobrevivência

2. O aspecto do eu oculto subcorrente

3. O aspecto do eu do ego

4. O eu superior e a alma

Os três primeiros níveis de crenças têm uma variação diferente dos aspectos de sobrevivência, oculto subcorrente e ego dentro deles. Ao mesmo tempo, o eu superior é uma energia disseminada em todos os níveis de crença. O quarto nível, ou nível da alma, tem aspectos, mas eles possuem uma energia diferente.

OS QUATRO ASPECTOS DO NÍVEL CENTRAL

Esses quatro aspectos são similar à memória RAM (Random-Access Memory) – o *hardware* do computador no qual os aplicativos ou programas podem ser facilmente acessados pelo processador. Em geral, isso é parecido com a maneira que o eu de sobrevivência funciona no subconsciente; ele dá acesso fácil aos programas que nós precisamos de imediato.

1. Eu de sobrevivência

O eu de sobrevivência no nível central está conectado às memórias e sentimentos desta existência. A função do eu de sobrevivência é nos manter seguros e evitar sofrimento desnecessário. A motivação dele é nos manter vivos; por isso registra dor, estresse e perigo para referências futuras.

2. Eu oculto subcorrente

O eu oculto subcorrente no nível central sempre tenta descobrir e consertar o que considera ser o problema, não importa o que seja. Às vezes, refere-se a ele como o "eu sombrio" para aqueles que o percebem como um mal ou uma coisa escura. Mas ele pode ser uma força para o bem ou para o mal e não faz distinção entre os dois. A função dele é solucionar problemas. Esse eu constantemente trabalha em problemas, até naqueles que não foram resolvidos na infância e no passado. É como uma corrente no fundo do oceano; pode elevá-lo ou arrastá-lo para baixo. Se nós estamos conscientes do que ele está fazendo, isso pode nos ajudar a evoluir por meio da autocompreensão.

3. Eu do ego

O eu do ego do nível central é como definimos, expressamos e percebemos a nós mesmos no mundo. Todos temos um ego. No entanto, o eu do ego (que não é nem bom nem ruim) pode ser perigoso quando se torna egolatria. Em algumas profissões as pessoas podem continuar a ser egocêntricas, mas não nos trabalhos de cura. A maioria dos curadores trabalha com outros curadores que provavelmente não toleram pessoas que são centradas em sua própria importância. Ao mesmo tempo, alguns curadores pensam erroneamente que precisam destruir seu ego para ser um curador, o que é um outro extremo. O ego nos define e influencia nossas tomadas de decisão, e nossas decisões afetam como nós somos percebidos pelos outros.

4. Eu superior

O eu superior está acima dos outros aspectos e se dedica à missão da evolução da alma. O eu superior busca aprender tantas virtudes quanto possível ao criar experiências que as desenvolvem e também tem seu foco em completar o seu tempo divino. Ele é uma porção divina de você também. Quanto mais crenças você movimenta e transforma, mais virtuosamente conduz sua vida, mais claro você se torna em suas decisões e mais partes do seu cérebro se desenvolvem. O aspecto mais elevado do nosso eu nos mantém conectados à nossa alma. O eu superior é completamente conectado à alma, nosso eu do Quinto Plano, todos os sistemas de crença e seus respectivos aspectos. Esse aspecto é também conectado às outras dimensões, que nós exploraremos posteriormente neste livro.

Quando você sobe para se comunicar com o Criador, você pode eventualmente confundir o seu eu superior com o Criador. É importante saber a diferença. Quanto mais trabalho de crença você faz, mais e mais consciente do seu eu superior você vai se tornar. O eu superior é a porção mais gentil e mais amável do seu ser; então, tenha como objetivo de vida trazer a energia dele para o seu dia a dia.

Sem saber conscientemente, todos nós temos uma conversa contínua acontecendo em nossas mentes com os aspectos do eu. Pode ser que o eu superior é a melhor voz da razão, e aqui eu não sugiro que você não escute a essas vozes, mas que você se torne consciente das influências delas.

OS QUATRO ASPECTOS DO NÍVEL GENÉTICO

Esses quatro aspectos são semelhantes ao *software* ou conjunto de instruções para dirigir sua vida. Assim como o *software* do sistema organiza as atividades e funções do *hardware*, esses aspectos retêm programas instintivos e questões de processos ancestrais.

1. Eu de sobrevivência no nível genético

Este aspecto é o *software* de DNA instintivo no subconsciente, que é uma combinação de programas de sobrevivência das memórias e sentimentos de nossos ancestrais.

2. Eu oculto subcorrente no nível genético

Essa é a parte do cérebro que resolve problemas com a linhagem familiar ancestral. Podem ser problemas causados pelo estresse no passado ou por motivações como depressão de ancestrais que eram pobres e desesperados. Esse processo é uma tentativa de resolver qualquer coisa que seus ancestrais deixaram inacabada. Lembre-se de que muitas energias enviadas pelos nossos ancestrais são positivas.

3. Eu do ego no nível genético

Este aspecto possui programas que podem ser bons ou não tão bons. Seus ancestrais podem ter passado o programa por se orgulharem de sua etnia ou raça. Mas o seu aspecto do ego no nível genético pode ter a crença de que sua origem étnica é o "povo escolhido" ou "povo superior", o que pode causar preconceito desnecessário.

4. Eu superior no nível genético

Este aspecto é o mesmo eu superior que agora se expande pelo do nível genético. Nas aulas de ThetaHealing, todos são ensinados a ir até a energia do Criador de Tudo O Que É. Mas algumas pessoas têm programas genéticos ocultos que só se tornam claros após elas aprenderem a respeito da energia de Tudo O Que É. Por exemplo, lembro-me de receber uma carta de uma das minhas alunas dizendo: "Agradeço, Vianna, por tudo o que você me ensinou, mas descobri algo ainda melhor. Eu descobri que posso conectar com a energia de Tudo O Que É". Percebi que, por algum motivo obscuro, ela não tinha descoberto como se conectar com a energia de Tudo O Que É enquanto estudava comigo. Obviamente, ela apenas tinha "subido" a um nível no Quinto Plano. Foi provavelmente semanas ou meses após a aula que ela aprendeu sobre a essência de Tudo O Que É; então, de alguma forma, ela não tinha ouvido o que eu ensinei no curso e pensei que ela havia elaborado isso por si mesma. Isso parece ser comum com as pessoas que têm questões genéticas em um dos três aspectos: de sobrevivência, oculto subcorrente e ego.

OS QUATRO ASPECTOS DO NÍVEL HISTÓRICO

Esses aspectos são como uma rede de computadores, uma rede interna "Intranet" que processa informações da consciência de grupo e memórias de vidas passadas.

1. Eu de sobrevivência no nível histórico

Este aspecto é a consciência de grupo, memórias de vidas passadas e sentimentos com relação à sobrevivência.

2. Eu oculto subcorrente no nível histórico

Este aspecto está sempre tentando corrigir problemas que são associados a algo no nível histórico. Pode ser algo de outra vida, negócios inacabados de ancestrais antigos, ou da consciência de grupo que esse eu oculto está trabalhando para mudar a realidade. Lembre-se de que experiências de vidas passadas não significam necessariamente que são todas suas.

3. Eu do ego no nível histórico

Este aspecto é o ego de todas as memórias de vidas passadas, sejam eles seus ou de um ancestral antigo. É possível conectar-se às memórias do ego de outras pessoas e confundi-las com as suas. Às vezes, as pessoas percebem que fizeram coisas incríveis e que foram pessoas poderosas em vidas passadas. Então elas agem como se ainda fossem chefes indígenas, a Rainha de Sabá, Cleópatra, mestres ou deuses e deusas de algum tipo. Quando isso acontece, o ego dessas vidas passadas pode impedi-las de se desenvolver espiritualmente. Lembre-se, tudo o que já viveu tem impressões e memórias, em cada grão de areia e em cada gota d'água.

4. Eu superior no nível histórico

Este aspecto é a soma de todas as memórias de vidas passadas e consciências de outras pessoas. É o mesmo eu superior que é compartilhado pelos outros aspectos do nível histórico.

O NÍVEL DE ALMA

O nível de alma é o processador do computador, disco rígido e fonte de energia para a vida, que recebe e processa os dados combinados para gerar resultados. É a soma de todos os níveis e aspectos. A alma dirige o quadro geral e aprende a partir do aspecto mais elevado dentre os diferentes aspectos do eu.

Seu cérebro mantém registros de cada segundo, cada minuto do dia com a percepção interna que sua experiência de vida tem um propósito. Quem lidera esse cenário é o seu eu superior. Ele aprende tudo o que a alma precisa para crescer.

Quando eu faço trabalho de crenças, pergunto: "Qual virtude você aprendeu com isso?". Essa questão é dirigida ao aspecto do eu superior, conectado à alma. A alma avança somente quando virtudes são dominadas, vícios são reconhecidos, confrontados e se tornam desnecessários para nossa evolução neste mundo dual.

A alma cresce através de todas as nossas experiências, e embora seja eterna, ainda é frágil o suficiente para ser afetada pela aspereza de estar em um corpo humano. A alma e o espírito são duas partes da mesma coisa. Enquanto a alma é de natureza multidimensional, o espírito é a energia de ATP no corpo, ou Adenosina Triphosphato. É criado por organelas celulares em forma de bastão, que agem como geradores de energia chamados mitocôndria. A mitocôndria converte oxigênio e nutrientes em pura energia de ATP, que é usada pelas células para seu funcionamento. Os impulsos elétricos de energia ATP são a casa do espírito.

O primeiro aspecto da alma

Este aspecto é a configuração da soma de todos os outros níveis na terceira dimensão, que inclui a Terra e o corpo físico, que é a casa da alma.

O segundo aspecto da alma

Este aspecto é a soma de todas as experiências da alma em todas as dimensões. Há centenas de dimensões e nós entendemos somente três. Somos muito mais complexos do que imaginamos.

O terceiro aspecto da alma

Este é o melhor dos aspectos do ego de todas as dimensões. Sua natureza depende da idade da alma, se é um espírito jovem ou um mestre ancião, e da idade ao longo das existências. Se a pessoa é uma alma jovem, pode ser que ela tenha um ego subdesenvolvido e fique apegada a raivas do passado. Mas nós só conseguimos deixar o Quarto Plano quando percebemos que devemos amar os outros. Uma alma antiga que se formou no Terceiro Plano não terá um ego estranho. Se a pessoa é uma alma antiga que vem dos níveis mais elevados do Quinto Plano, então seu ego de alma é algo lindo e incrível.

O nível de alma raramente experimenta a egolatria. Egolatria vem dos níveis mais baixos do Quinto Plano, à medida que espíritos jovens tentam descobrir seu lugar no universo. Um genuíno mestre ascensionado nunca se torna egocentrado no nível da alma porque ele já dominou todas as virtudes e está totalmente conectado à realização de outras.

O quarto aspecto da alma

Este aspecto é a parte ascendente completa de você – até onde você se desenvolveu em todos os planos da existência. Uma vez que aprendemos tudo o que podemos desta vida, adquirimos um incrível eu ascensionado.

• •

Uma vez que os três primeiros níveis de crenças – central, genético e histórico (e os aspectos dentro deles) – são dominados em qualquer existência, é permitido à alma avançar e evoluir através dos níveis do Quinto Plano.

A mente consciente é a parte do cérebro que organiza tudo, por isso é importante estar totalmente ciente de cada uma das energias dentro do eu de sobrevivência, do eu oculto subcorrente, do eu do ego e do eu superior. Isso é especialmente importante para evitar confusão ao subir ao Criador. Nós usamos a mente consciente para redirecionar esses aspectos e criar a realidade que queremos em uma vida que pode ser confortável ao mesmo tempo que realizamos nosso propósito de alma.

Se forem corretamente direcionados, o subconsciente e o eu superior são projetados para criar experiências como oportunidades para aprender virtudes. Quando virtudes são obtidas, novas habilidades se desenvolvem e nossos pensamentos tornam-se leves, possibilitando assim o alinhamento com as leis universais.

Cada experiência gera algum benefício. Em um nível de alma, estamos sempre aprendendo virtudes.

Pergunte a si mesmo: "Que virtudes eu aprendi?".

Capítulo 3

Trabalhando com os Diferentes Aspectos

Neste capítulo, exploraremos os aspectos com mais profundidade e aprenderemos como podemos trabalhar com eles enquanto curadores ao fazer trabalho de crenças.

1. O EU DE SOBREVIVÊNCIA

O trabalho do eu de sobrevivência é sobreviver, sem importar como. Esse é um aspecto fundamental de quem somos. O eu de sobrevivência possui muitos atributos positivos. Por exemplo, ele nos mantém conectados a algum sistema de crença, de modo que nossas manifestações não são tão rápidas, já que uma vez manifestado, vamos viver no que criamos. O eu de sobrevivência quer nos proteger do estresse. Se ele fica estressado, o eu oculto subcorrente tenta corrigir a situação e vice-versa.

O eu de sobrevivência é um dos aspectos mais óbvios do trabalho de crença do nível central. Na maioria das vezes, quando fazemos trabalho de crença, nós acionamos o eu de sobrevivência. Por exemplo, o programa de "amar dói" pode se desenvolver na infância se sua mãe bateu em você e disse: "Estou fazendo isso porque te amo". A reação do eu de sobrevivência (que funciona para nos proteger de danos futuros) é projetar para o subconsciente: "Uau! O amor dói!". Isso pode, em seguida, desenvolver-se em um programa para evitar situações associadas a relacionamentos de "amor". Então, quando você crescer e entrar em um relacionamento romântico, você pode afastar aquela pessoa especial quando ela diz "Eu te amo", por causa desse programa de sobrevivência. Depois de descobrir que o eu de sobrevivência tem esse programa, e quando começou, ele pode ser mudado com trabalho de crenças.

Eu não conheço as circunstâncias do seu nascimento e desenvolvimento, mas se você foi traumatizado, há uma grande chance de você viver sua vida com preocupação e estresse. Você não vai viver da mesma maneira que alguém que foi adequadamente amado e nutrido. Você estará no modo de sobrevivência. No entanto, muitas pessoas estão em modo de sobrevivência e ainda são motivadas pelo eu superior. Elas podem ter medo de seguir em frente na vida, mas seu eu superior as empurra de qualquer maneira.

Pelo fato de estarem apavoradas, seu eu de sobrevivência vai tentar impedi-las de fazer o que for preciso para seguir em frente, mesmo que saibam que é o seu caminho. Então, elas podem acabar ficando doente antes de realizar esse propósito. Mas como seu eu superior está forçando-as a seguir esse caminho de qualquer maneira, há uma batalha. Eu não sei quantas pessoas vivem esse tipo de batalha, mas suspeito que são muitas. Eu também experimentei essa batalha algumas vezes, porque parte da minha vida é impulsionada pelo meu eu superior, e meu movimento para a frente é imparável, mas meu eu de sobrevivência lamenta essa situação. Então faço o meu melhor para motivar a mim mesma com programas diferentes. Um desses programas que uso é : "Eu trabalho para o bem da família". Isso me mantém trabalhando.

Se pudermos substituir e trocar os programas, o eu de sobrevivência se sentirá seguro. Se ele se sentir seguro, podemos pôr em prática mais influência do eu superior para criar virtudes mais facilmente.

Por exemplo, se a virtude da paciência é necessária, o eu superior trará pessoas difíceis que ensinarão paciência. Mas se todos os aspectos estiverem conectados ao eu superior, então o caminho para as virtudes é muito mais fácil.

2. O EU OCULTO SUBCORRENTE

O eu oculto subcorrente é o solucionador de problemas para o cérebro e, às vezes, para a alma espiritual. Precisamos da nossa parte oculta subcorrente para nos incentivar a seguir em frente. Ela cria situações para preencher a demanda e resolve problemas. Por exemplo, se um médico diz a alguém que ele tem dois meses de vida, é o eu oculto subcorrente que diz: "Ahan! Quer apostar?". Se alguém disser: "Você nunca vai ter sucesso", é a parte subcorrente oculta do cérebro que é ativada e diz: "Ahan! Quer apostar?". E a pessoa continua tendo sucesso na vida.

Quando a pessoa quer se vingar ou punir, é o oculto subcorrente tentando resolver um problema do passado. O subcorrente não sabe o que vem depois da vingança. Para esse aspecto, suas ações são simplesmente solucionar problemas. Uma forma de descobrir se o oculto subcorrente está influenciando uma situação é perguntar: "O que eu ganho com este problema e qual é a motivação para isso?". Dependendo da situação, seu oculto subcorrente pode estar funcionando a favor ou contra você.

Você pode ter uma combinação perigosa se o subcorrente negativo começar a dirigir a mente consciente. Um exemplo disso é quando alguém se torna tão determinado a se vingar que ao aspecto oculto subcorrente começa a planejar e a agir sobre a vingança. Mas se a mente consciente tem controle suficiente e está conscientemente alerta sobre o subconsciente, a vida da pessoa está em equilíbrio. Isso significa que o oculto subcorrente não terá a oportunidade de adicionar drama desnecessário.

O eu oculto subcorrente pode ser redirecionado pela mente consciente equilibrada e, ao perceber que tudo é uma manifestação, os problemas podem ser resolvidos de diferentes formas.

Curadores podem ajudar os outros a ficarem bem, mostrando-lhes o que eles estão fazendo de maneira subconsciente, oferecendo a opção de fazer algo diferente. Ao ouvir o cliente, você pode dizer a ele: "Nós podemos mudar isso". Isso o torna um curador melhor porque ensina discernimento.

AUTODIGGING

A melhor maneira de organizar a diferença entre os variados aspectos dos níveis de crença é por meio do trabalho de crença consigo mesmo, que mostrará o que você está fazendo subconscientemente. Se você puder identificar o que seu eu oculto subcorrente está fazendo, você pode aprender a saber a diferença entre o seu eu superior e o Criador.

O oculto subcorrente está tentando trabalhar por você, mesmo quando pode parecer estar trabalhando contra você. Pode levar muitos anos para o eu subcorrente criar alguns cenários e situações. Não conseguimos perceber que nossas ações podem ser influenciadas por um problema no passado que o oculto subcorrente considera uma "questão pendente".

Por exemplo, uma vez tive uma grande loja com uma enorme placa dizendo: "Caminho da Natureza da Vianna". Chamei-a assim por causa de uma questão de marca registrada sobre o nome original que tinha usado como "Caminho da Natureza".

Mudei a loja para mais perto do novo instituto, para que os alunos tivessem melhor acesso à loja e também instalei uma cafeteria. A nova loja era menor que a antiga, e eu estava com um letreiro gigante que eu não precisava mais. Geralmente, pode-se vender um letreiro antigo de volta aos fabricantes de placas e letreiros para que eles possam reutilizá-lo, mas eu me recusei a fazer isso. Eu estava apegada ao antigo letreiro e não queria deixá-lo ir, então o coloquei atrás da nova loja. Em um dado momento, meus filhos me disseram para fazer um trabalho de crença sobre o antigo letreiro. Então, quando tive a chance, sentei para fazer um trabalho de crença comigo mesma sobre o porquê de eu estar tão apegada ao letreiro.

A melhor maneira que encontrei de fazer o autotrabalho de crenças não foi fazendo um monte de perguntas para mim, mas subi e perguntei ao Criador:

- "Quando isso começou?" (Eu de sobrevivência)
- "O que eu ganho com isso?" (Eu oculto subcorrente)
- "Qual é o meu apego a este letreiro?"
- "Por que estou lutando tanto para mantê-lo?"

Quando fiz essas perguntas, o Criador instantaneamente me mostrou a razão e descobri que meu apego ao letreiro começou há muito tempo, quando me casei com meu terceiro marido e nosso relacionamento estava difícil.

Quando propus o divórcio, ele fez uma ameaça à minha família e a mim: "Se você me deixar, vou destruir sua empresa, destruir seus filhos e se você ainda estiver viva, eu vou matar você". Aparentemente, eu acreditei nele e adiei a ação por alguns meses, preenchendo os papéis do divórcio quando me senti mais corajosa.

Quando descobri onde o apego começava, eu pensei que era interessante e perguntei: "Criador, o que eu ganhei por ter o letreiro?".

Imediatamente ficou claro. Todos os dias, meu ex-marido passava de carro por aquele letreiro. Ele não podia deixar de passar por lá, porque morava perto e a loja estava em uma das ruas mais movimentadas da cidade. Ele adorava lojas esotéricas e não poderia entrar, mas todo dia seria impossível para si ignorar. Era uma mensagem para ele que dizia: "Ainda estou aqui". Mas o que eu realmente estava dizendo era: "Ainda estou de pé".

Esperei dez anos para tirar a placa, para ter certeza de que ele sabia que eu não tinha sido "destruída" por ele, e eu conseguia seguir minha vida. Dizem que a melhor vingança é o sucesso, e meu eu oculto subcorrente trabalhou nesse problema por muitos anos até que decidi resolvê-lo. Em algum nível, eu estava tentando me sentir segura porque me sentia muito desamparada e com medo naquele momento. Mas meu eu oculto subcorrente não era medroso; estava simplesmente esperando para agir.

No início, pensei: "Bem, isso foi muito inteligente. Eu estou enlouquecendo ele". A partir daí, eu não podia acreditar que essa era minha motivação. Eu preciso continuar com isso? O Criador me disse que era um desperdício de tempo.

Por favor, entenda que não estou zangada com meu eu oculto subcorrente. Eu quero que você saiba que fiquei satisfeita em perceber que esse aspecto meu trabalhou tanto para erguer um enorme letreiro porque percebi algo realmente importante: eu poderia usar essa mesma determinação a meu favor para minha vida. Uma vez que descobri isso em mim, eu sabia que não precisava mais ser motivada dessa forma.

Percebi que meu aspecto oculto subcorrente estava resolvendo os problemas antes e depois disso. As motivações ocultas de outras coisas que eu fiz começaram a ficar claras e abriu-se um nível mais profundo de trabalho de crença.

Para mostrar o quão poderoso é o eu oculto subcorrente, eu gostaria de compartilhar um pouco mais da minha experiência:

Antes de me mudar de Idaho, coloquei um anúncio gigante no aeroporto de Idaho Falls que dizia: "Lugar de fundação do ThetaHealing", com minha imagem nele. Desde que nos mudamos para Montana, minha filha Bobbi me perguntou se eu queria retirar o anúncio. Eu disse a ela: "Não. Quero que meus clientes e amigos em Idaho saibam que ainda estou de pé e que os agradeço por estarem lá no início do ThetaHealing".

A SUBCORRENTE NEGATIVA

Um bom exemplo de como o subcorrente funciona negativamente é ilustrado pela experiência de uma cliente, uma mulher que desenvolveu uma doença grave. Eu fiz trabalho de crenças com ela, e ela melhorou, mas a doença voltou dois anos depois, e ela me contatou novamente.

Durante a leitura, pude ver que a doença estava ficando muito pior e perguntei a ela: "Ok, se eu fizer uma cura em você, o que você vai fazer se ficar completamente bem? (Isso é sempre uma ótima pergunta a fazer para verificar se o eu oculto subcorrente da pessoa está em operação.)

Ela me disse: "Oh, eu não quero ficar completamente bem. Meu marido me traiu com minha melhor amiga e me deixou. Depois disso, fiquei doente e ele voltou para cuidar de mim. Se isso for a última coisa que eu fizer, ele vai pagar pelo que fez cuidando de mim para o resto da minha vida".

Qual é a razão subcorrente para ela se apegar à doença? Ela não ia ficar completamente bem porque seu eu oculto subcorrente estava trabalhando contra ela. Trouxe o marido de volta para ela, mas ela ainda queria se vingar dele por tê-la traído, ficando preso cuidando dela enquanto ela estava doente. Ela o torturou por 15 anos.

Tempo de respiro

Às vezes, o oculto subcorrente nos ajuda a encontrar um pouco de espaço para respirar em nossas vidas até que estejamos prontos para seguir em frente. Por exemplo, eu fiz uma leitura com uma cliente que queria que seu divórcio acabasse.

Vianna: *"Há quanto tempo você está passando pelo divórcio?"*

Mulher: *"Mais do que deveria. Não sei por quê."*

Vianna: *"Quando você decidiu se divorciar?"*

Mulher: *"Tudo começou quando ele era cruel e mau, e eu sabia que eu tinha de ir embora."*

Essa resposta veio do eu de sobrevivência.

Vianna: *"O que você ganha por não deixar o divórcio acabar?"*

Mulher: *"Se demorar muito, não preciso namorar."*

Ela estava obviamente com medo de namorar.

Vianna: *"Por que você tem medo de namorar?"*

Mulher: *"Todos os meus amigos pensam que preciso de um marido. Eu não quero namorar, eu simplesmente não estou pronta. Eu preciso saber quem eu sou primeiro. Quanto mais tempo levar, mais tempo tenho para mim."*

Neste caso, o eu oculto subcorrente da cliente estava subconscientemente forçando-a a prolongar o divórcio para que ela não pudesse namorar.

Controle

Em uma outra sessão, o oculto subcorrente de um cliente estava tentando corrigir as questões com seus irmãos necessitados, mas isso significava submeter-se à mãe controladora, o que o fazia infeliz.

> Vianna: *"O que você gostaria de trabalhar?"*
>
> Homem: *"Minha mãe está morando comigo e está me deixando louco."*
>
> Vianna: *"O que você está ganhando com sua mãe vivendo com você?"*
>
> Homem: *"Não estou ganhando nada com isso. Ela está me enlouquecendo."*
>
> Vianna: *"Pense nisso por um minuto. O que de bom você está recebendo com o fato de ela estar morando com você?"*

Ele pensou um pouco antes de falar.

> Homem: *"Minha mãe era a pessoa mais controladora que já conheci. Ela me controlou por toda a minha vida, e agora que ela está mais velha, mora comigo, e eu controlo a vida dela. Meus irmãos e irmã evitam vir me ver e me pedir dinheiro emprestado porque odeiam ela."*

Isso me mostrou que seu eu oculto subcorrente estava tanto o ajudando quanto o prejudicando, então eu trouxe a ele os seguintes *downloads*:

- "Você gostaria de entender sua mãe?"

- "Você gostaria de saber que esta parte da sua vida está concluída?"

- "Você gostaria de saber que pode dizer não aos seus irmãos e irmãs?"

Esses *downloads* foram projetados para limpar o passado e ajudá-lo a entender sua mãe; caso contrário, a situação não mudaria de forma positiva e saudável para os dois.

Agora, sua mente consciente era capaz de reconhecer a necessidade de mudança, e tudo começou com uma pergunta: "O que você ganhou com isso?".

Abuso

Quando eu era uma jovem mãe, estava assistindo ao programa de TV da Oprah Winfrey, quando ela entrevistou uma mulher que havia sido abusada quando criança. Enquanto ouvia essa mulher contar sua história, pensei: "Isso não é nada. Se isso é abuso, então o que aconteceu comigo foi muito pior".

Foi quando percebi que o que havia acontecido comigo era abuso e não era "normal". Quando eu era mais jovem, era normal para mim, mas é melhor acreditar que meu oculto subcorrente sabia que não era. Quando eu tinha 29 anos, estava em um curso que me treinou para ser guarda de segurança nuclear e me determinei que nunca seria machucada novamente. Depois disso, eu poderia me defender. Essa decisão, como mãe de três filhos, teve de vir do meu eu oculto subcorrente.

Por que eu fiz isso?

Eu estava em um tatame lutando com homens de quase duas vezes meu tamanho, atirando com pistolas e rifles M16. No final, escolhi um caminho totalmente diferente, mas ainda terminei o curso para que eu nunca tivesse de ser uma vítima novamente. Nosso eu oculto subcorrente nos empurra para a frente para resolver o que considera problemas, mesmo que leve 30 anos ou mais.

O EU OCULTO SUBCORRENTE GENÉTICO

A seguinte sessão de trabalho de crença é um bom exemplo de como os programas genéticos influenciam diferentes aspectos.

Vianna: *"O que você gostaria de trabalhar?"*

Mulher: *"Eu odeio meu marido."*

Vianna: *"Por que você odeia seu marido?"*

Mulher: *"Ele está com raiva de mim porque eu trabalho o tempo todo."*

Vianna: *"Você trabalha o tempo todo?"*

Mulher: *"Sim, mas é minha carreira. Eu tenho de trabalhar."*

Vianna: *"Sempre?"*

Mulher: *"Sim, se eu quiser ter sucesso."*

Vianna: *"Então não há tempo para o seu marido."*

Mulher: "Nosso maior problema é que meu trabalho é a coisa mais importante."

Vianna: "Quando isso começou?"

Mulher: "Eu não sei, sempre foi assim."

Vianna: "Feche os olhos e vá até o Sétimo Plano e pergunte ao Criador quando começou."

Mulher: "Eu perguntei, e está lá há centenas de anos. Você tem que ter sucesso, você tem que trabalhar, você tem que ter sucesso como uma família, sempre foi assim."

Vianna: "Ok. Pergunte ao Criador como isso a motiva? O que sua família ganhou com isso?"

Mulher: "Eles tinham sobrevivência garantida, e eles não tinham tempo para passar juntos como um casal. Isso significava que eles continuariam sempre casados."

Vianna: "Você pode ter tempo para o seu marido e ainda trabalhar e ter sucesso?"

Mulher: "Não, porque daí ele realmente me conheceria. Amor não é real – é apenas a necessidade de sobrevivência."

Vianna: "Você gostaria de mudar isso?"

Mulher: "Eu acho que sim."

Vianna: "Vamos trocar isso para: 'Este programa está concluído. Eu posso ter sucesso, posso trabalhar e ainda assim ter amor.' Eu tenho sua permissão para fazer os downloads 'Como é o amor e que você pode ter amor?' Então você pode deixar seu marido amar você, conhecer você e ainda assim você vai ter sucesso."

Mulher: *"Sim."*

Vianna: *"Você tem sucesso?"*

Mulher: *"Sim, tenho muito sucesso. Eu sustento minha família facilmente."*

Vianna: *"Seus pais se amavam?"*

Mulher: *"Não, mas eles se respeitavam. Minha mãe é médica, e meu pai é engenheiro."*

Vianna: *"Vamos verificar se você consegue ter amor e sucesso."*

O teste energético resulta em "não".

Mulher: *"É errado para mim ter isso porque meus pais vão ficar com inveja e com raiva. Eles vão pensar que estou sonhando em um caminho oposto ao da minha carreira."*

Vianna: *"Vamos lhe mostrar que isso é possível."*

Mulher: *"Ok. Mas por onde eu começo?"*

Vianna: *"Vamos perguntar ao Criador. Ok, isso é o que foi dito a mim. Tenho permissão para fazer o download em você de que "É seguro ter sucesso e ainda estar apaixonada e que o antigo programa mudou, e você pode ter amor e sucesso?"*

Mulher: *"Sim."*

Seus aspectos estavam influenciando a situação da seguinte maneira:

- **Seu eu de sobrevivência** foi influenciado pelo programa genético "Eu tenho que ter sucesso para sobreviver."

- **Seu eu oculto subcorrente** foi influenciado pelo programa genético "Meu casamento permanece se eu ficar ocupada."

- **Seu eu do ego** foi influenciado pelo programa "A vida é medida por dinheiro."

- **Seu eu superior** ansiava por amor e autoaceitação e ela ansiava pelo próximo passo.

- **O Criador diz**: "Você pode ter tanto amor quanto sucesso profissional para se tornar o seu melhor".

Epigenética

A seguinte sessão de trabalho de crença é um exemplo de como estresse psicológico pode fazer alterações no DNA físico que é passado para a próxima geração; isso cria um sistema de crenças no nível genético que influencia os aspectos.

Uma mulher veio para meu curso, e percebi que ela estava agressiva com os outros alunos. Mas, intuitivamente, eu sabia que, apesar daquilo, ela era uma pessoa gentil, então quando eu tive a oportunidade, sentei-me com ela para explorar essa questão.

Vianna: *"O que a faz pensar que você sempre tem de corrigir excessivamente e combater o tempo todo?"*

Mulher: *"Eu não sei. Eu me vejo fazendo isso, mas não entendo por quê."*

Vianna: *"Se você tivesse o entendimento, diga-me quando começou?"*

Mulher: *"Desde que me lembro, sempre foi assim."*

Vianna: *"Ok, vamos falar sobre seus pais."*

Mulher: *"Meus pais sempre foram muito submissos."*

Vianna: *"Ok, você tem alguma ideia de por que eles são assim?"*

Mulher: *"Bem, minha avó era uma sobrevivente do Holocausto."*

Vianna: *"Como isso afeta você?"*

Mulher: *"Sempre ouvi histórias sobre como as famílias eram levadas para suas mortes."*

Vianna: *"Ok, como o sentimento dessas histórias lhe serve? O que você ganha com isso? Toque seu braço e feche os olhos. Pergunte ao Criador: 'O que estou ganhando com isso? O que meus ancestrais ganhariam por ter essa crença?'"*

Ela olhou para mim com os olhos cheios de lágrimas.

Mulher: *"Porque eles foram levados à morte apenas por alguns soldados. Ninguém lutou contra isso, eles simplesmente não podiam acreditar que aquilo estava acontecendo com eles. Minha avó perdeu muitos membros da família naquele dia, ninguém revidou, então eu vou lutar. Eu nunca vou deixar isso acontecer com meu povo novamente."*

Vianna: *"Gostaria de saber que você pode se defender e que você sabe quando e como? Que você sabe como dizer 'não' e que você está segura? E você sabe quando é a hora certa de dizer não, a hora certa de ser forte de acordo com o Criador? E que você não precisa mais corrigir excessivamente?"*

Mulher: *"Sim, gostaria!"*

Então o Criador a ensinou a saber o que é estar segura, mas sugeri que ela usasse o exercício Canto do Coração, compartilhado no livro *ThetaHealing Avançado*, para limpar algumas tristezas dos ancestrais dela.

Como o eu de sobrevivência estava influenciando a situação? Com o programa "Eu tenho que lutar."

Como o eu oculto subcorrente estava influenciando a situação? Trabalhando no problema com os programas: "Eu tenho que corrigir o que aconteceu com minha família" e "Isso nunca mais vai acontecer conosco." Sua hipercorreção foi baseada em um sistema de crenças genéticas, e seu eu superior estava motivado para se certificar de que ela teve a chance de completar sua missão de vida.

UM SISTEMA DE CRENÇAS HISTÓRICO

Se você está trabalhando com um cliente e ele começa a falar sobre outra época e lugar, ele pode ter uma crença de nível histórico que está associada à situação. O cliente pode dizer coisas como: "Tenho medo que as pessoas me matem como fizeram antes". Trata-se da energia do eu de sobrevivência acessando a parte de sobrevivência do nível histórico. No entanto, o nível histórico também está conectado à consciência de grupo. Portanto, a crença de que "doenças são incuráveis" pode ser uma crença de consciência de grupo. Aqui está um exemplo disso:

Vianna: *"O que você gostaria de trabalhar?"*

Cliente: *"Sou diabético, mas nunca uso minha insulina, nem mudo minha dieta ou estilo de vida, e eu não sei o que há de errado comigo."*

Vianna: *"Bem, o que você ganha por não tomar remédios para diabetes?"*

Cliente: *"Se eu não tomar, acho que vou melhorar porque diabetes é incurável e nunca posso melhorar com remédios."*

Vianna: *"O que mais você ganha por não tomar remédios?"*

Cliente: *"Estou tentando fazer meu corpo se curar por si mesmo."*

Vianna: *"Ok, como isso lhe serve?"*

Cliente: *"Enquanto eu tiver diabetes, tenho que cuidar de mim, logo, tenho uma luta acontecendo dentro de mim."*

Vianna: *"O que você vai fazer com essa luta?"*

Cliente: *"Suspeito que terei que cuidar de mim de uma maneira ou outra."*

Como os aspectos estão influenciando a situação?

O eu de sobrevivência está dizendo: "Diabetes é incurável" e "Eu não quero isso".

O eu oculto subcorrente está dizendo: "Vou ter que cuidar de mim mesmo". A recompensa para o subcorrente é que, enquanto o cliente tem diabetes, vai ter que cuidar de si mesmo.

Nessa situação, o cliente deve receber *downloads* para aprender como cuidar de si mesmo, por exemplo: "Eu sei como viver sem me sentir completamente desamparado".

Para obter mais explicações sobre o trabalho de crenças, consulte o livro: *ThetaHealing Digging – Cavando para Encontrar Crenças*.

O eu do ego

Precisamos da parte do ego de nós mesmos para manter nossa identidade. Nós não devemos negar nosso ego porque ele é nossa autoimagem, mas podemos evitar que ele pense que é melhor do que todo mundo.

Assim como o eu oculto subcorrente, o ego não é bom nem mau. Depois de entender seu eu oculto subcorrente, será muito mais fácil reconhecer as influências do seu ego que podem ser tanto positivas quanto negativas.

Eu chamo um ego negativo de *egolatria*. Quando a egolatria está se expressando do subconsciente, sempre oferece fama e dinheiro à custa de alguém. Alguém que está na egolatria vai dizer e pensar coisas como: "Você tem que me amar" em vez de "Você me ama?".

O ego deve ser redirecionado para o desenvolvimento de virtudes. Virtudes dão ao ego autoestima elevada. As virtudes ajudam a manter o seu ego como um amigo em vez de transformá-lo em egolatria. Quando o ego é direcionado para ações positivas, você está no controle. Torna-se egolatria quando você é *controlado pelo ego*.

Por exemplo, quando você começa a fazer leituras, você pode ficar inseguro e nervoso no início, perguntando-se se você acertou. Na primeira leitura, o praticante diz coisas para o cliente, como: "Vejo algo errado com seu ombro". O cliente confirma que o leitor está certo, e isso começa a funcionar na mente do leitor. Por causa da verdade dessa afirmação, o praticante faz mais leituras e continua a "acertar" sistematicamente. Satisfeito com o sucesso, o leitor erra ao cair na armadilha da egolatria. Ele esquece tudo a respeito do Criador e começa a fazer afirmações como: "Eu acho que você deve fazer isso com sua vida". O leitor pode começar a pensar que vem "tudo dele" e esquecer que a leitura é um processo cocriativo. Desde que você se lembre de simplesmente retransmitir a mensagem do Criador, tudo vai bem.

Muitos anos atrás, uma mulher entrou em minha loja e se apresentou como tendo uma mensagem do **Conselho dos Doze**. Eu disse: "Ok, qual é a mensagem?".

Ela disse: "O Conselho dos Doze diz que você fez um ótimo trabalho, mas agora é hora de eu assumir o seu lugar".

O Conselho dos Doze diria a ela que era seu trabalho assumir o meu lugar? Improvável. Há um Conselho dos Doze para cada família de alma, então de qual delas ela estava falando? Obviamente, ela queria meus clientes, minha loja e meu negócio. Sem hesitar, eu lhe disse: "Sinto muito, mas o Criador não me disse nada a respeito disso".

Esse é um bom exemplo de alguém cujo ego estava em egolatria. Ela não estava canalizando nada, embora eu tenha certeza de que ela acreditava no que dizia, e seu pensamento egocentrado era que ela poderia me convencer.

No curso avançado, compartilho um exercício para ter a experiência com o eu superior de outra pessoa. Um aluno é o cliente e o outro é o praticante. O cliente dá ao praticante uma série de perguntas dirigidas ao seu eu superior. Usando a meditação do Caminho ao Criador (ver página 16), o praticante se conecta ao eu superior e atua como um intermediário para perguntas e respostas.

Uma vez, duas de minhas alunas estavam fazendo esse exercício, uma mulher no papel do cliente perguntou a seu eu superior por que ela não conseguia encontrar sua alma gêmea e o que ela precisava fazer para encontrá-la de forma mais rápida. Supostamente falando com o eu superior da cliente, a praticante respondeu: "Seu eu superior diz que você tem que tingir seu cabelo de loiro!".

Essa resposta chateou a senhora que era a cliente e ela veio até mim chorando e me perguntando: "Será que meu eu superior realmente quer que eu tinja meu cabelo de loiro?".

Eu disse a ela: "Claro que não. Não se preocupe com isso".

Você realmente acha que o aspecto do eu superior dessa mulher lhe diria isso? Sua alma gêmea vai entrar em sua vida mais cedo porque ela ficou loira? Acho que não. Ainda assim, eu perguntei ao eu superior dela apenas para ter certeza, e ele não disse nada sobre o cabelo dela.

Você consegue adivinhar a cor de cabelo da praticante? Exatamente, loira! A praticante estava falando com seu egoísmo e sua própria experiência. Ela pode ter, genuinamente, tentado ajudar a outra mulher com cabelos escuros, mas obviamente estava sendo influenciada por seu ego. A pergunta que deveria ter sido feita ao eu superior da mulher era: "Ela está pronta para sua alma gêmea?" De qualquer forma, ainda era responsabilidade da mulher que recebeu a leitura subir e descobrir se a leitora estava certa.

O eu superior

O eu superior mantém tudo em perspectiva. Enquanto você estiver acolhendo o seu aspecto superior, você receberá melhores respostas do universo. Na maioria das vezes, em vez de agirmos por intermédio do eu superior, agimos por meio de um ou mais aspectos, o de sobrevivência, o oculto subcorrente ou o ego.

Seus aspectos subconscientes estão conectados ao seu eu superior e seu eu superior se conecta à sua alma, mas o eu superior ainda tem de ir ao Criador em busca da verdade mais elevada para equilibrar todos os aspectos. Precisamos de nosso eu superior para o crescimento da nossa alma.

O objetivo é permitir que o seu eu superior comande mais a sua vida. Quanto mais você permitir o seu aspecto superior em seu espaço, mais virtudes você terá, e mais você irá ao Criador por intermédio do seu eu superior. Ao contrário dos aspectos dos três primeiros níveis, ele sabe que é parte do Criador.

Os sistemas de crenças do eu superior são:

- "Eu posso crescer."
- "Eu posso aprender."
- "Somos parte do Criador."
- "O Criador é parte de nós."

Algumas mensagens do Criador seriam:

- "Somos todos parte do Criador."
- "Somos todos átomos."
- "Todos nós fazemos parte da energia vital."
- "Somos todos amados."
- "Temos permissão para nos conectar a essa energia."

O eu superior diz: "Eu posso aprender", mas o Criador vai tirar você da perspectiva do "eu, eu, eu", e dizer: "Todos nós podemos aprender".

A alma

Vivemos em um sistema de apoio à vida corpórea que funciona de forma tridimensional. O eu superior trabalha a partir de um terceiro plano de consciência, conectando-se ao aspecto mais elevado da alma. Mas a alma funciona de maneira multidimensional e não é completamente confinada ao corpo, embora seja uma configuração de todos os diferentes níveis e aspectos. O destino é a personificação do desejo de crescer que a alma tem. A alma acredita que uma vez que algo é alterado, o efeito é imediato.

ASPECTOS DO TRABALHO DE ESCAVAÇÃO

É importante entender que quando fazemos trabalho de crenças, estamos trabalhando em todos os aspectos dos níveis. No entanto, é importante reconhecer quais aspectos estão em ação nos níveis e o quanto influenciam sua vida a partir do subconsciente.

A consciência de que seus aspectos internos podem estar influenciando uma sessão de trabalho de crenças não muda a forma como você o utiliza. O praticante ainda trabalha em quatro níveis de crença – níveis central, genético, histórico e de alma. Ainda solicita e comanda que as crenças sejam liberadas e substituídas. Ainda faz *digging*, que funciona da mesma maneira – fazendo as mesmas perguntas básicas no trabalho de crenças. Você ainda vai ao Criador antes de fazer o trabalho de crenças para pedir respostas e os *downloads* corretos. O que estamos apresentando aqui é mais conhecimento de nós mesmos e como saber a diferença entre o Criador e outras influências. Essa percepção pode ajudá-lo a se curar.

Se, por exemplo, você for até o Criador e ouvir uma resposta pura como: "Você é parte de Tudo o que É", o seu eu de sobrevivência pode sussurrar: "Não, não sou digno de fazer parte de tudo isso". Obviamente, você sabe que essa voz não vem da energia mais elevada porque você tem bom senso. Mas, ainda assim, você também sabe que é hora de trabalhar nessa crença.

Seu eu oculto subcorrente vai receber essa resposta do Criador de uma forma totalmente diferente, assim como o seu ego. Se esses aspectos estão em equilíbrio, então eles receberão a resposta da maneira mais elevada. E se eles estiverem desequilibrados, a interpretação será diferente.

Digging dos diversos aspectos

Quando você usa sua conexão com o Criador em uma sessão de trabalho de crenças, seu tempo é diminuído pela metade porque o Criador simplesmente lhe mostra a resposta. Neste exercício, o leitor simula ser tanto o praticante quanto o cliente com foco em reconhecer o eu de sobrevivência, o eu oculto subcorrente, o eu do ego e o eu superior.

1. Para começar a sessão, pense nos problemas que estão se apresentando em sua vida.

2. Depois de identificar no que deseja trabalhar, vá até o Sétimo Plano usando a meditação do Caminho ao Criador (consulte página 16).

3. Agora que você está no Sétimo Plano, pergunte ao Criador: "Onde isso começou? Onde esse sentimento começou?". (Essa pergunta é dirigida ao Criador para descobrir o eu de sobrevivência). Por meio da resposta, o leitor reconhecerá o eu de sobrevivência e o que ele está promovendo.

4. Em seguida, volte para o Sétimo Plano usando a meditação Caminho ao Criador novamente. Agora que você está no Sétimo Plano, pergunte ao Criador: "O que eu ganho com isso? Como isso está

me motivando? Mostre-me". Com essa resposta, o cliente reconhece o eu oculto subcorrente e o que ele está provocando. (Lembre-se de que o Criador sempre tem energia amorosa.)

5. Em seguida, volte ao Sétimo Plano usando a meditação do Caminho ao Criador. Uma vez no Sétimo Plano, pergunte ao Criador: "O que meu ego está criando? O que estou realizando a partir disso? Mostre-me". Com essa resposta, o leitor reconhece o eu do ego e o que ele está criando.

Nota: Se você perguntar: "Como isso me afeta?", é o ego falando.

6. Em seguida, vá novamente ao Sétimo Plano usando a meditação do Caminho ao Criador. No Sétimo Plano, pergunte ao Criador: "O que eu aprendo de mais elevado com isso? Mostre-me". Por meio dessa resposta, o leitor reconhece o eu superior e o que está criando.

Nota: O leitor deve continuar a fazer o trabalho de crença até que as motivações de cada aspecto se tornem aparentes, e a todo momento ir ao Criador para a resposta mais elevada.

7. Vá para o Sétimo Plano usando a meditação. Uma vez no Sétimo Plano, pergunte ao Criador: "O que você quer que eu aprenda? Mostre-me a perspectiva mais elevada". Por meio dessa resposta, o cliente reconhece o Criador. Esta seria uma mensagem pura e canalizada. Agora o leitor deve perguntar ao Criador se há algo mais para aprender com a experiência, quais *downloads* são necessários e o que precisa ser substituído e trocado.

Nota: Se você perguntar: "Criador, o que estou fazendo?", você está se conectando à energia divina.

8. Você confia no Criador para ajudá-lo com essas questões? Suba e pergunte ao Criador se você confia n'Ele.

9. Pergunte ao Criador: "Isso está concluído?".

Ao praticar este exercício pela primeira vez, você começará a reconhecer as influências dos aspectos no seu dia a dia. Um **ciclo de sono** dará à sua mente consciente uma ideia melhor do que está acontecendo com o subconsciente e será mais fácil reconhecer o que acontece com os quatro aspectos da sobrevivência, oculto subcorrente, ego e eu superior.

Conhecendo a Diferença Entre Si e o Criador

Depois de saber como reconhecer todos os aspectos na sua mente, torna-se mais fácil entender sua intuição e quais mensagens você está recebendo.

Lembre-se: há sempre duas conversas acontecendo na sua cabeça. Isso é normal, então não pense que isso é algum tipo de desordem mental. À medida que você conversa com os aspectos de sobrevivência, o eu oculto subcorrente e o ego, você pode descobrir que tem todos os tipos de influências em sua cabeça.

É importante perguntar:

- "Que parte de mim é essa?".

- "Como é estar com o Criador? É a pura energia de inteligência e amor perfeito".

Não é incomum obter várias respostas quando você sobe para se conectar ao Criador.

Quando você for ao Criador, peça pela verdade mais elevada que seu eu superior iluminado obteria ao falar com o Criador. Subir e pedir a verdade mais elevada ajudará a obter respostas melhores. Se você não tem certeza de que a resposta está correta, continue pedindo a "verdade mais elevada" até que você saiba que essa é a resposta mais inteligente e amorosa.

O medo é uma coisa que pode impedi-lo de ver a verdade mais elevada. A resposta do Criador é sempre a mais inteligente, amorosa e nunca está conectada ao medo ou à egolatria.

ESTAR CONSCIENTE DAS RESPOSTAS

Se você realmente quer saber o que está acontecendo em sua mente, esteja consciente das respostas que recebe das suas perguntas ao Criador.

Um bom exemplo disso é uma aluna que achava que eu não gostava dela porque não parei para lhe dar um abraço. Ofendida e magoada, ela me mandou uma mensagem e disse: "Eu perguntei ao Criador por que você não gostava de mim e foi dito: 'De qualquer forma, não importa, o problema é da sua professora. De qualquer forma, todos em quem você confia a machucam".

Obviamente, essa resposta não veio do Criador, até porque eu gosto muito dela, então, escrevi de volta e lhe pedi para subir novamente e fazer a mesma pergunta. Quando ela subiu, contou que recebeu a seguinte resposta: "Contanto que eu mantenha distância, estarei segura. Só posso contar comigo mesma".

Essa é uma resposta clássica de seu eu oculto subcorrente. Então eu mandei a seguinte mensagem para ela: "Por que você acredita nisso? O que você ganha mantendo essa crença? É isso mesmo o que você pensa?".

Ela escreveu de volta: "Sim, é nisso que eu acredito".

Então eu perguntei a ela: "Por que você se sente assim? Depois de saber por que você se sente assim, suba até o Criador novamente."

Ela mandou uma mensagem de volta e disse: "Eu sou melhor do que você de qualquer maneira. Eu vou criar minhas próprias coisas".

Isso era obviamente sua egolatria falando com ela, e toda a minha interação com ela do início ao fim foi assim: primeiro, eu gentilmente lhe disse que gostava dela, e que ela era muito especial. Então eu lhe disse para fazer ao Criador sua pergunta:

> Pergunta: "Por que minha professora não gosta de mim?".
>
> Eu de sobrevivência: "Não importa, é problema da professora. Qualquer pessoa que eu acredite me machuca de toda forma".
>
> Pergunta: "Por que minha professora não gosta de mim?".
>
> Eu oculto subcorrente: "Contanto que eu mantenha distância deles, eu estarei segura. Só posso contar comigo mesma".

Isso ocorre porque o eu de sobrevivência acredita que qualquer um em quem essa pessoa confie a prejudica.

> Pergunta: "Por que minha professora não gosta de mim? Como isso me motiva?".
>
> Ego negativo: "Eu sou melhor do que eles de toda forma. Vou criar minhas próprias coisas".

Essa resposta do ego negativo ocorre porque o eu de sobrevivência acredita que qualquer pessoa em quem o sujeito confia vai machucá-la, e o eu oculto subcorrente está tentando resolver o problema.

Essas respostas significam que o aluno está em seu próprio campo e não falando com o Criador. Eu descobri que isso era um cenário muito comum porque sempre há alguém que já passou pela experiência de ter seus sentimentos magoados por um professor e por isso tem medo de confiar em qualquer pessoa ou coisa. A cada vez, eu a incentivei a perguntar novamente pela resposta mais elevada.

> Pergunta: "Por que minha professora não gosta de mim? O que eu estou aprendendo com isso?".
>
> Eu superior: "Minha professora ama os alunos dela. O que isso está tentando me ensinar, Criador?".

Por fim, ela descobre a verdadeira resposta.

> Pergunta: "Por que minha professora não gosta de mim?".

O Criador responderia com amor e verdade.

> O Criador: "Sua professora está cansada. O que você pode fazer por ela? O que você pode aprender com ela? Verdadeiramente, ela abençoou sua vida".

O Criador iria puxar você para fora do seu próprio espaço e lhe mostrar a resposta de um lugar de amor perfeito. Ele sempre responde desse lugar, o que significa que muitas mensagens trazidas a praticantes e professores de ThetaHealing são influenciadas pelos aspectos interiores em vez de seres influenciadas pelo Criador. Um dos motivos pelos quais subimos para nos conectarmos ao Criador é para não sermos confundidos pelas influências do cérebro. Se houver algum resíduo de medo na comunicação, a resposta não estará vindo do Criador.

Quando você subir e falar com o Criador, use o seguinte roteiro:

- Continue perguntando até receber a resposta mais elevada.

- Você tem de navegar pela sua mente. A melhor resposta pode não ser a primeira. Será, no entanto, a mais clara, mais elevada, menos egoísta e mais gentil. Essa resposta vai aquecer seu coração. O que a inteligência e o amor supremo diriam a você?

- O bom senso é importante. Permita que sua mente consciente tome a decisão e pergunte: "É isso que o Criador me diria?".

- A voz está errada se a resposta para essa pergunta for negativa. Não dê ouvidos a isso. Sempre que ela disser coisas como "você não consegue curar" ou "você é nada", ela está com a energia errada.

- O subconsciente resolve problemas do passado com o eu oculto subcorrente. Às vezes, ele corrige demais e precisa da mente consciente para redirecioná-lo. Você deve entender a sua verdadeira motivação no que se refere ao eu oculto subcorrente, ou isso pode mantê-lo preso.

Precisamos de todos os aspectos, mas eles também precisam estar em equilíbrio. Quando você sobe e vê o que está conduzindo sua vida, sua tarefa é equilibrar conscientemente as coisas no subconsciente.

Downloads

Os seguintes *downloads* podem ajudá-lo a entender melhor sua mente subconsciente:

"Eu sei como me compreender."

"Estou pronto para compreender meu subconsciente."

"Eu sei como deixar minha mente consciente conduzir meu subconsciente."

"Eu sei como compreender meu eu de sobrevivência."

"Eu sei como compreender meu eu oculto subcorrente."

"Eu sei como compreender o meu eu ego."

"Eu sei como compreender meu eu superior."

"Eu sei qual é a sensação de os meus aspectos subconscientes trabalharem juntos."

"Eu sei como permitir que o Criador ensine através de mim."

"Eu sei qual é a sensação de ter a sabedoria fluindo por mim."

"Eu sei como dar amor e atenção às pessoas porque elas vêm do Criador."

"Eu sei como confiar no Criador."

Entendendo as Mensagens do Criador

Se você está em harmonia com a criação, receberá mensagens do universo, mas só as perceberá se estiver atento. Como intuitivo, você receberá mensagens de várias maneiras. Pode ser que você receba inspiração quando mais precisa por meio da letra de uma música. Algumas pessoas recebem mensagens em seus sonhos, geralmente nas primeiras horas da manhã (1-3 da manhã).

Não é incomum acordar e pensar: "Não consigo me lembrar tudo do sonho, mas sei que a mensagem foi realmente importante. O que aconteceu?". Não se preocupe, você continuará se conectando com o sonho até que se lembre dele. Isso é normal. Se você for dormir e sentir que há pessoas trabalhando em você, saiba que isso também é normal. Tudo que você tem de fazer no que se refere ao trabalho noturno é saber que você está bem. No entanto, se você está acordado e acha que sua TV está falando com você, pedindo para você esfregar o chão da cozinha, então talvez você tenha de se preocupar e questionar sua sanidade.

Todos nós recebemos inspiração divina se estivermos abertos para ouvi-la. Uma das mensagens que as pessoas recebem é que todos fazemos parte do Criador. Embora essa mensagem seja positiva, ainda depende de como ela é interpretada. Se alguém está em modo de sobrevivência, pode ser que isso desencadeie crenças de sobrevivência em um nível genético. Essas crenças podem ser algo do tipo: "É errado pensar que todos fazemos parte do Criador" ou "Eu posso ser morto" no nível histórico. A crença do eu oculto subcorrente pode ser: "Eu não sou bom o suficiente para ser parte do Criador." A egolatria diria: "Eu sou o Criador." "Eu sou o mais importante." "Adore-me." "Eu sou melhor do que todo mundo. Vou provar que sou melhor do que todo mundo. Vou mostrar a eles!". Mas, na verdade, a mensagem deveria ser: "Nós todos fazemos parte da energia que se move em todas as coisas. Você é parte do todo".

Exemplo de mensagem: "Você é parte do Criador."

Eu de sobrevivência: "É errado pensar que sou parte do Criador, eu posso ser morto."

Eu oculto subcorrente: "Não sou bom o suficiente para fazer parte da superconsciência do Criador. Devo ser temido, ou devo me esconder para que ninguém me veja verdadeiramente."

Egolatria: "O Criador sou eu; Eu sou o Criador, sou o mais importante, adore-me. Posso ser melhor do que todo mundo, eu vou provar que sou melhor. Vou mostrar a eles, vou criar algo. Eu sou tão bom quanto eles."

Eu superior – a alma diz: "Eu posso fazer a diferença. Eu posso aprender, posso crescer e ajudar a todos que posso. Todos nós fazemos parte de Deus".

O Criador responderia com amor e verdade, mensagens como: "Estamos todos conectados com a energia de Tudo O Que É. Somos todos átomos; todos nós fazemos parte da energia vital. Somos todos amados e temos a permissão para nos conectarmos a essa energia". O Criador tiraria você de um espaço que é sobre você mesmo e lhe mostraria a resposta com amor.

Você pode receber uma mensagem com a informação de que você vai trabalhar com uma estrela de cinema, mas seu ego diz: "Não, é muita arrogância pensar que eu vou trabalhar com alguém tão importante". Obviamente, falta confiança ao seu ego e você desconsiderou a mensagem porque não achou que era digno o suficiente. Você pode ter perdido uma oportunidade de ajudar alguém que precisava. No fim das contas, as estrelas de cinema têm alguns desafios muito estranhos e bem interessantes para serem trabalhados como qualquer outra pessoa.

Uma vez que isso se relaciona ao eu do ego, há uma diferença entre ser confiante e egocêntrico. Mas há uma diferença entre estar centrado em si e pensar apenas em você mesmo. Devemos nos amar sem sermos egocêntricos, amar os outros, amar um parceiro e amar o Criador. Para ser equilibrado, você deve se amar 40% e todos os outros 60%. O fator amor é complexo, mas necessário para obter respostas claras.

Com qual eu você está se conectando quando recebe uma mensagem na sua mente? Por exemplo, se você fosse fazer uma viagem para ensinar ThetaHealing e a mensagem que vem é "tem algum problema com o avião", esse é provavelmente o seu eu de sobrevivência, porque essa mensagem vem de um medo.

Seu eu oculto subcorrente faria você fazer a viagem de forma diferente e começaria primeiro a questionar por que você estaria indo viajar e tentaria imaginar uma forma para que você não tivesse que ir.

Já que seu eu oculto subcorrente sabe que a maneira que você evitou de ir a lugares era ficar doente, você pode descobrir que está doente exatamente antes de entrar no avião. Seu ego negativo diria coisas como: "Eu vou ser magnífico; eu estou indo para ser adorado na aula que vou dar". O eu superior diria: "Você estará seguro na viagem, e isso faz parte de seu tempo divino". Se a mensagem veio do Criador, ela não traria qualquer medo ou traços de ego. A mensagem seria algo como: "Relaxe. Tudo vai ficar bem".

Seu eu superior é muito sábio porque está conectado com sua alma, que é parte de Deus, o Criador, mas não há nada como ir diretamente para o espírito universal que anima e conecta todas as coisas na existência.

Certa vez, tive uma cliente com um problema. Ela não conseguia descobrir por que sempre queimava a comida quando estava cozinhando. Por cinco anos, ela não sabia por que queimava o jantar do marido até que subiu, conectou-se ao Criador e perguntou: "Quando isso começou? Por que estou queimando o jantar dele? Eu ainda estou com raiva dele?".

O Criador disse a ela: "Tudo começou quando ele a magoou. Ele vai ter jantares queimados até que você o perdoe. Você ainda está com raiva dele. Assim que sua raiva por ele acabar, você poderá seguir adiante".

Parte de cérebro dela ainda estava tentando resolver o problema queimando o jantar dele. Ela pensou consigo mesma: "Seria bom não comer jantar queimado. Talvez eu deva perdoá-lo".

Nunca ocorreu a essa mulher que ela estava queimando o jantar do marido porque seu subconsciente não tinha conseguido perdoar.

Mensagens Intuitivas do Criador

É preciso bom senso para receber informações puras do Criador, isto é, o discernimento de como ouvir e usar a informação quando você recebe a mensagem. Requer fé na mensagem do Criador. Depois de saber como usar a informação, é importante agir, como as seguintes histórias do meu passado ilustram.

RESTAURANTE DO CHARLIE

Quando comecei meu negócio, tive uma experiência que me ensinou a ouvir quando recebo uma mensagem do Criador. Uma noite, eu estava trabalhando em minha pequena loja e estava pronta para ir para casa. Desliguei todas as luzes e então ouvi o Criador dizer: "Você não deve sair. Sente-se e fique quieta".

Eu respondi: "Ah não, eu estou bem".

Mas o Criador disse: "Sente-se. Há perigo lá fora".

Então me sentei e esperei uma hora.

Depois eu ouvi: "Está tudo bem. Vá para casa".

As mensagens tinham uma energia tão poderosa que não havia dúvida em minha mente de que eu tinha de escutá-las.

No dia seguinte, eu estava em meu consultório fazendo uma massagem e, de repente, o corpo de bombeiros bateu na minha porta. Eu abri e o bombeiro disse: "Temos que evacuar o edifício agora! Há uma bomba!".

Na hora, eu achei ridículo porque ninguém fabrica bombas em Idaho, especialmente na conservadora cidade de Idaho Falls. No entanto, tirei meu cliente da maca e saímos para descobrir o que estava acontecendo.

Naquele prédio havia um restaurante, um salão de beleza, uma loja esotérica e meu escritório na parte de trás da loja. O restaurante se chamava Restaurante do Charlie. Naquele dia, as pessoas que dirigiam o salão de beleza sentiram cheiro de gasolina e chamaram o corpo de bombeiros, que descobriu que uma bomba havia sido manufaturada no telhado. Eles desativaram a bomba e chamaram a polícia que investigou e prendeu Charlie, que eventualmente foi para a prisão.

Aparentemente, Charlie estava perdendo dinheiro e queria o dinheiro do seguro em caso de incêndio. Então, na noite anterior, pensando que todos tinham ido para casa, Charlie puxou grandes barris de gasolina para o topo do edifício e os conectou a um detonador com cronômetro improvisado para explodir na noite seguinte, quando todos tivessem ido para casa. Se eu tivesse saído naquela noite, teria me encontrado diretamente com seu fiasco da fabricação de bomba. O que foi importante é que ouvi a voz e isso foi uma boa lição para mim.

ANATOMIA INTUITIVA NA NOVA ZELÂNDIA

Uma vez eu ministrei um curso de Anatomia Intuitiva em Rotorua, Nova Zelândia, para alguns povos indígenas Mãori e outros neozelandeses. Nós ficamos em um quarto de hotel no primeiro andar com portas de correr para o lado de fora.

Uma noite foi dito a mim para mudar de quarto no hotel. A mensagem era clara: "Mude-se ou você vai ser roubada".

Eu contei ao Guy que tínhamos de mudar para outro quarto. Irritado ele disse que não queria mudar. Aquele dia um cano d'água quebrou no nosso quarto, e o hotel nos mudou para outro quarto um andar acima.

Guy riu e disse: "Você deu seu jeito, de qualquer forma!".

Na noite seguinte, todo mundo no primeiro andar foi roubado quando eles estavam fora dos quartos para o jantar, e a nossa anfitriã era uma dessas pessoas, o que me deixou muito triste.

FURACÃO SANDY

Quando eu estava fazendo um seminário no interior de Nova York, ouvi falar de um furacão chamado Sandy que havia se desenvolvido no Atlântico e estava circulando em direção à costa. Eu tinha acabado de terminar o curso e dirigi de volta à cidade de Nova York para tomar um voo para casa. Eu queria adiar meu voo por alguns dias e mostrar a cidade para Brandy, minha filha. Daí, foi dito a mim, pelo Criador, para voar o quanto antes para evitar a tempestade, e a essa altura, eu já tinha aprendido a escutar.

Nesse curso, muitos dos meus coordenadores tinham vindo de outros países. Eu orientei todos eles a voarem mais cedo, e por crédito deles, eles me escutaram. Mas meu amigo que mora em Nova York discutiu comigo dizendo: "Essas tempestades ameaçam Nova York frequentemente, mas elas nunca atingiram de fato e essa não vai atingir também". Ele disse a todos que eu estava com medo e para que eles não me ouvissem, mas meus outros coordenadores sabiam mais.

Todos nós tomamos voos e saímos antes que a tempestade alcançasse a cidade. Uma hora depois que o último coordenador voou de volta para casa, o aeroporto suspendeu as atividades por causa da tempestade, e ninguém mais deixou a cidade.

Pela primeira vez na história recente, Manhattan foi atingida por um furacão que causou muitos danos. Se eu tivesse demorado, eu teria ficado por dias lá. O furacão Sandy forçou o cancelamento de 9.250 voos, mantendo em terra 810 mil passageiros, causando prejuízo de mais de 50 bilhões de dólares em mais de 24 estados. As áreas mais atingidas foram ao longo da costa de Nova Jersey e Long Island. Em Nova York, a tempestade fechou estações de metrô, causou incêndios e fechou a bolsa de valores de Nova York. Sandy interrompeu a atividade de vários aeroportos e estações de trem em todo o Nordeste. A chuva, a neve e os ventos do Sandy deixaram mais de 8 milhões de pessoas sem energia da costa do Atlântico aos Grandes Lagos, e algumas casas em Nova York e Nova Jersey ficaram sem energia por semanas após a tempestade. O furacão Sandy levou a vida de 147 pessoas.

A moral dessas histórias? Você tem de conseguir ouvir o Criador e tomar as ações adequadas.

APRIMORANDO A COMUNICAÇÃO COM O CRIADOR

As seguintes práticas ajudam a abrir o chacra coronário e aprimorar a comunicação com o Criador:

- Você deve ter energia fluindo pelo seu chacra coronário o tempo todo, para que haja comunicação constante com o Criador.

- Traga energia para o seu corpo e empurre-a suavemente para cima em direção ao chacra da coroa. Se necessário, reinicie o processo. Isso não tem nada a ver com revirar os olhos ou espremer o rosto. Isso não é o tipo de força como quando você vai ao banheiro. Simplesmente imagine um impulso suave para cima.

- A terapia com luz violeta pode ajudar a abrir o chacra coronário e criar uma conexão. Se você se deitar sob a luz violeta, pode melhorar seu foco para leituras pelo telefone.

- A terapia de luz infravermelha ajuda a desintoxicar o corpo e a focar a mente. Ajuda a levar oxigênio para as células e a equilibrar seus hormônios.

- Se a resposta do Criador for negativa ou com conotação de medo, cancele e vá mais alto. A energia do Criador é perfeita e pura de amor e inteligência. E se você sobe e obtém uma resposta que não pareça do Criador, no entanto vem desse lugar de pureza, você precisa imaginar-se subindo mais profundamente e então pergunte: "Qual é a mais elevada resposta?". Ao começar a fazer isso, você perceberá que está subindo através dos níveis dos planos de existência para o Sétimo Plano.

- Se você quiser mensagens claras do Criador, você deve fazer a si mesmo algumas perguntas para se conhecer. O próximo passo é fazer autocuras com o Criador. A melhor maneira de fazer autocuras é ir até o Criador e perguntar: "Quando o problema começou? O que estou ganhando com isso? O que estou aprendendo a partir dele?".

- Se a mensagem não for a energia mais evoluída e amorosa, então provavelmente não é o Criador.

A clareza das mensagens que você recebe depende muito de como você pratica a subida e a conexão com o Criador.

Trabalho de crenças dos diferentes aspectos com outra pessoa

É importante desenvolver a capacidade de fazer trabalho de crença com o Criador. Mas também é útil ajudar as pessoas a fazer trabalho de crença com o Criador. Este exercício é desenhado para facilitar o trabalho com o Criador e requer duas pessoas: uma pessoa é o cliente e a outra o praticante. É importante observar o seguinte:

1. O praticante ensina o cliente a se conectar com o Criador para trabalhar com os diferentes aspectos.

2. O praticante faz com que o cliente pergunte ao Criador questões do trabalho de crenças para si mesmos.

3. O praticante então pede ao cliente que vá até o Sétimo Plano cada vez que eles fizerem uma pergunta ao Criador.

4. Ao longo do exercício, o praticante intuitivamente testemunha o que o cliente está fazendo.

• •

Aqui está um exemplo de diálogo da condução de um trabalho de crença dos diferentes aspectos com uma pessoa:

Praticante: "Qual problema você está enfrentando no momento?"

Cliente: "Eu sempre saboto meus relacionamentos com as pessoas que amo."

Agora que o praticante identificou o que o cliente deseja trabalhar, o praticante pede ao cliente para ir ao Sétimo Plano para fazer ao Criador a pergunta:

>**Praticante**: "Eu quero que você vá até o Criador e descubra quando isso começou."

O cliente vai até o Sétimo Plano e pergunta ao Criador e obtém uma resposta: "Tudo começou quando eu era criança."

Quando o cliente tem a resposta, o praticante pergunta ao cliente: "O que você faria depois? Qual é o próximo passo?"

>**Praticante**: "Suba e pergunte ao Criador o que você está recebendo a partir disso. Como isso serve para você?"

>**Cliente**: "O Criador me disse que se eu sabotar meus relacionamentos, nunca serei magoado por alguém que amo."

>**Praticante**: "Pergunte ao Criador o que você está aprendendo com isso."

>**Cliente**: "O Criador me diz que estou aprendendo que posso amar aos outros, e eles podem me amar."

O praticante solicita ao cliente para pedir ao Criador para dar a eles os *downloads* necessários ou alterar as crenças que são necessárias.

Como você notou, é importante treinar para ouvir. Ir diretamente ao Criador pode reduzir o tempo de escavação pela metade.

Resolvendo as Questões

Neste capítulo, exploraremos o que pode nos BLOQUEAR de receber mensagens claras do Criador.

EGOLATRIA

Nós discutimos as armadilhas da egolatria, mas aqui eu gostaria de explorar o assunto com mais profundidade e falar por que é tão importante o praticante manter seu ego fora de uma sessão.

Aprendi isso nos primeiros anos, quando deixei alguns praticantes fazerem leituras intuitivas na minha loja. Eu pude ver que eles tinham habilidades intuitivas, mas por algum motivo não conseguiam deixar sua egolatria fora disso. O problema é que eles estavam projetando suas próprias questões nos clientes.

Um praticante disse a todos os seus clientes que eles eram gays, eles só não sabiam ainda. No fim das contas, quem era gay? O praticante era gay!

Havia outro praticante intuitivo fazendo leituras que disse a todos os clientes que eles estavam caminhando para um rompimento de relacionamento. Essa pessoa, na verdade, acreditava no que ele estava dizendo, mas quem estava se encaminhando para um rompimento? O praticante!

Se você disser a cinco ou seis pessoas por dia que elas são gays ou que seus cônjuges vão deixá-los, há um problema. Eu tive de dispensar os praticantes porque eles não conseguiam distinguir entre a verdade de seu ego e a verdade divina.

DOMINAR OU CONDUZIR

Uma das coisas que nos impede de seguir em frente para obter respostas claras do Criador é o ego querendo dominar em vez de conduzir. Dominar e conduzir são duas coisas diferentes.

O ego de um dominador grita: "Eu sei o que é melhor para eles. Eu quero dominar!". O dominante quer ser adorado, e o condutor quer liderar com inspiração e amor para fazer um mundo melhor. Um condutor impulsiona todos a trabalhar juntos, e um dominador quer que todos façam exatamente o que ele diz.

A diferença entre dominar e conduzir é fácil de ver nos políticos do mundo. Alguns membros do governo ficam obcecados com a necessidade de ser adorado e governar com mãos de ferro – a mentalidade de "o poder faz a razão."

Querer dominar os outros impede que alguém obtenha respostas claras do Criador porque é contra a Lei do Livre-arbítrio. O que é verdade na política também é verdadeiro no ensino ou na leitura intuitiva. O leitor ou professor deve conduzir as pessoas, não tentar dominá-las ou controlá-las. Você não pode fazer alguém amar ou adorar você. O amor acontece naturalmente. Se você quiser trabalhar com outras pessoas, com o mundo e com o Criador, você precisa conectar-se com Deus. Mas se você quiser que as pessoas o adorem, esta é a modalidade errada. Ser um dominador e tentar controlar todos vai impedir você de receber mensagens claras.

PODER

À medida que você cura outras pessoas, você obtém energia do Criador, que é verdadeiramente poderosa. Então, se você está com medo do seu próprio poder, você precisa se lembrar de que, na verdade, a *força vital do Criador* é o poder. Qualquer poder deve ser usado com sabedoria. O medo do poder pode evitar respostas claras, assim como a obsessão por ele.

INSTINTOS PRIMÁRIOS

Instinto é considerado ser o comportamento baseado em fatores genéticos que atuam sem influência de aprendizado de vida ou experiência. Como humanos, desenvolvemos instintos primários, e um bom exemplo disso é quando uma pessoa se atrai sexualmente por outra. Todo seu instinto dispara, dizendo a ela que a outra pessoa será um bom par e, por essa razão, eles provavelmente vão concordar em se encontrar ainda que não se conheçam, por causa do otimismo de seus instintos. Mas, quando estão no encontro, conversam e pode ser que percebam que a outra pessoa não era o que ele ou ela esperava.

Essa é uma forma pela qual feromônios criam uma atração puramente originária do instinto primário. O corpo pensa que alguém é fisicamente atraente, mas a mente precisa se atrair também. Instintos primários devem ser atenuados com sabedoria.

QUESTÕES DOS QUATRO Rs

Quatro reações emocionais que nos impedem de receber mensagens claras são: ressentimento, remorso, rejeição e revanche. Todas elas ocupam muito espaço mental e, em algumas ocasiões, trabalham dentro do eu oculto subcorrente. O remorso pode impedir você de avançar, e a rejeição nem sempre é bem aceita pelo eu oculto subcorrente, já que ele pode ficar preso nesses programas e ter dificuldade em superá-los.

Quanto mais esses programas negativos são liberados, mais o eu oculto subcorrente pode ser redirecionado para trabalhar em benefício de alguém. Lembre-se, o eu oculto subcorrente não é o inimigo, é apenas uma parte de quem nós somos. Você pode se divertir muito, apenas entendendo a si mesmo. Uma vez que algo é aprendido a partir de arrependimentos ou ressentimentos, a sabedoria se direciona ao eu superior que está conectado à alma.

O perigo inerente de cair nos quatro Rs – ressentimento, remorso, rejeição e revanche – é ilustrado pela seguinte anedota: Tommy, o Duende.

Muitos anos atrás, comecei fazendo leituras intuitivas, massagens e consultas em meu consultório como naturopata em Idaho Falls, Idaho. Eu queria que meu consultório fosse um lugar onde as pessoas pudessem sentar e descansar, por isso eu deixava à disposição chá, para quem quisesse, enquanto eu estava fazendo uma sessão. Não demorou muito para que todas as pessoas da vizinhança entrassem, sentassem e se servissem de chá. Daí, quando eu saía da minha sessão, sempre havia alguém tomando chá. Nem preciso dizer que tomei muito chá.

Algumas dessas pessoas que entravam para tomar chá eram limpadores de vidro, moradores de rua. Eles faziam um bom trabalho lavando minhas janelas, mas faziam um trabalho medíocre com os vizinhos. Eles me diziam: "Você não tem nada. Você é como nós. Vamos limpar suas janelas porque você é legal". Tommy, o Duende, era um desses moradores de rua viajantes e vinha todos os anos a Idaho Falls para os meses quentes.

Então, um dia, um dos meus clientes me disse que Tommy estava na cidade, e pedi que me apresentassem. Tommy era um daqueles personagens mágicos que você só encontra uma vez na vida, e ele parecia um duende.

Ele era um rapazinho que sempre se vestia de verde e tinha esses olhos grandes e expressivos como os de um cervo. Ele tirava um cartão que dizia: "Um desejo grátis: Tommy, o duende", e amarrava balões. Ele cantava e tocava violão, e as pessoas lhe davam dinheiro. Ele realmente parecia um duende.

Ao conhecê-lo, ele me contou histórias sobre como tinha sido um "rato de túnel" na Guerra do Vietnã porque ele era muito pequeno. Ele tinha apenas quatro dedos por causa de uma bomba em uma das suas incursões nos túneis. A guerra o deixou tão ressentido do governo que se tornou um morador de rua. Ele ganhava o suficiente todos os dias para seu jantar todas as noites. Ele recebia um novo conjunto de roupas no Exército de Salvação a cada três dias, sempre verde. Ele entrava no meu escritório com um violão para cantar e nos tornamos amigos rapidamente. Eu acabei por amar o Tommy.

Uma noite estávamos conversando e começou a chover, então eu o deixei ficar no meu escritório. Quando cheguei ao trabalho na manhã seguinte, ele tinha roubado meu limpador de vidros. Quando eu o vi mais tarde naquele dia, eu disse: "Tommy, você roubou meu limpador de vidros!". Ele sorriu para mim e disse: "Eu sabia que você não se importaria".

Ele me visitava, mas nunca me pediu dinheiro (provavelmente porque ele sabia que eu não tinha nenhum na época). Eu vim a saber que ele tinha enfisema e lhe dei chás de ervas para isso. Nossa amizade durou dois verões porque ele ia embora antes de o inverno chegar.

Então conheci Blake, que se tornaria meu terceiro marido. As aparências eram muito importantes para ele e certa vez, quando eu estava andando em uma loja com ele, vi Tommy e fui falar com ele. Blake me impediu, dizendo: "Você não pode falar com essa pessoa em público! Ele é um vagabundo!". Ele agarrou meu braço e me puxou para longe. Mas Tommy me viu ir embora, e eu nunca vou esquecer a dor em seus olhos por ter sido rejeitado por mim.

Alguns dias se passaram e eu vi Tommy na rua, então parei para falar com ele. Ele me disse que estava saindo da cidade e lhe dei uma carona até o ponto de ônibus. O sentimento entre nós era diferente, e eu sabia que tinha arruinado nossa amizade. Eu tinha me afastado de um amigo. Eu pedi desculpas, e ele disse que entendia, mas isso só me fez me sentir pior.

Seus sentimentos estavam bastante feridos, e não importavam os abusos que eu tinha sofrido, a dor daquele momento era tão forte que foi uma das piores coisas da minha vida. Eu tinha saído do meu caminho para machucar essa alma inocente e perfeita. Nunca mais vi Tommy.

Agarrei-me a esse remorso por anos, e prometi a mim mesma que nunca deixaria isso acontecer novamente. Eu nunca esqueci essa dor extrema do remorso. Eu fiz o meu melhor para nunca fazer uma pessoa se sentir menos do que outra. Uma noite, alguns anos depois, tive um sonho no qual Tommy estava procurando algo para comer na minha geladeira.

O que aprendi com Tommy foi que todos são importantes. Todo mundo é importante, não importa o que as pessoas pensem. Eu tinha que me perdoar pelo Tommy, mas só quando eu tivesse certeza de que algo assim não aconteceria novamente.

O que você pode ter feito para machucar os sentimentos de alguém há muito tempo? O que você fez na sua vida que você lamenta? Se você tomou uma decisão difícil e ainda lamenta, seu eu oculto subcorrente anda em círculos com relação a isso. Por exemplo, seu eu oculto subcorrente vai andar em círculos se você perdeu sua chance de se apaixonar e você pode acreditar que nunca terá essa chance novamente. Graças a Deus sou casada com o Guy!

Liberando arrependimentos

Quando você chega aos 50 anos, seu cérebro faz uma coisa realmente incrível – funciona! Então, quando você olha para trás na sua vida, metade de seus arrependimentos se foi porque você percebe: "Ah, eu era uma criança quando eu fiz isso" ou "Ah, eu tinha apenas 30 anos quando isso aconteceu". O próximo passo é chegar à conclusão de que, ao longo de sua vida, você pode estar ouvindo o eu superior mais do que imagina. Você pode ter tomado mais decisões certas do que erradas.

Todos deveriam se orgulhar do que realizaram e perdoar-se pelo que não realizaram. Liberar revanche, ressentimento, rejeição e remorso nos ajuda a conhecer a diferença entre os planos da existência e nossa conexão com o Criador. Se você pudesse ver suas decisões do passado a partir da perspectiva do Criador, você não precisaria se arrepender tanto.

De todas as criaturas do universo (que conhecemos), são apenas os humanos que olham para trás e revivem o passado. Se você se arrepende de algo, descubra o que você pode aprender com isso. Se você puder aprender algo, você vai parar de repetir o remorso. Repetir remorsos do passado impede você de se mover para a frente. Ao descobrir o que aprendeu com isso, você começará a gostar de si mesmo. Para cada vez que você se arrepende de algo, seu eu oculto subcorrente tentará consertar o motivo do arrependimento, enquanto você diz a si mesmo: "Nunca farei isso de novo", para que você nunca mais faça isso!

Se você quiser manter as pessoas longe de você, o ressentimento funciona bem, embora a rejeição possa fazer você andar em círculos também. Se você foi duramente rejeitado quando criança, seu eu oculto subcorrente vai tentar corrigir a rejeição na vida adulta. Por exemplo, se sua mãe o rejeitou, você pode passar a vida inteira correndo atrás dela por aquele amor. Outra correção do oculto subcorrente poderia ser rejeitá-la completamente.

Arrependimento e depressão

Todos os diferentes aspectos dos níveis devem trabalhar juntos em equilíbrio e harmonia. Por exemplo, o eu de sobrevivência está ciente dos alimentos de que o corpo necessita para sobreviver. Envia mensagens para o corpo na forma de desejos por alimentos que tenham vitaminas, aminoácidos ou minerais necessários.

Se o eu de sobrevivência estiver bem equilibrado, isso garantirá que o corpo tenha tudo de que precisa. Mas pode haver desarmonia se os outros aspectos não estiverem enviando as mensagens adequadas um para o outro. Se o eu oculto subcorrente está andando em círculos, pode afetar as funções do eu de sobrevivência.

Um bom exemplo disso é quando o eu oculto subcorrente está andando em círculos, incapaz de abrir mão do remorso. Uma das coisas que pode causar depressão é quando o oculto subcorrente vive constantemente com remorso e não consegue descobrir a resposta para um problema. Quando isso acontece, a mente constantemente anda em círculos e não descansa, o que pode fazer com que o eu de sobrevivência entre em modo de emergência. Esse modo de emergência constante pode bloquear a sobrevivência de liberar serotonina e outras substâncias químicas vitais que o cérebro e o corpo precisam para manter o equilíbrio. A depressão é o resultado. É por isso que o oculto subcorrente precisa descobrir o que foi aprendido com o remorso e deixá-lo ir.

Nossa mente precisa praticar virtudes para ser equilibrada. Se a pessoa tem um ego equilibrado, ela tem uma autoimagem positiva e geralmente não desenvolve depressão porque eles não vivem em remorso. Sem remorso, podemos estabelecer um ego equilibrado e os aspectos também ficam equilibrados. Lembre-se, um ego equilibrado eleva a autoestima e ajuda o corpo a funcionar como deveria. Se você libera questões de remorso com trabalho de crença, você vai conseguir o que chamo de "bom ego".

Quanto mais a pessoa sabe conscientemente o que quer alcançar, mais ela tem uma conexão com o eu superior. Quanto melhor a conexão com o eu superior, mais equilíbrio existe em todos os diferentes níveis de crença e mais forte e mais saudável ela se torna. Todos os aspectos devem ser equilibrados para alcançar uma mente saudável e clara.

Revanche

Depois de terminar de trabalhar no remorso, ressentimento e rejeição, então você pode trabalhar na revanche. Nações inteiras são umas contra as outras por causa da necessidade de vingança. Nós pensamos em revanche e ressentimento não apenas para nos manter seguros, mas para nos manter no Terceiro Plano.

Se nos tornamos tão iluminados que temos somente sentimentos virtuosos, nós evoluímos e deixamos este plano de existência. Quando amamos pessoas neste plano, não queremos deixá-las, então buscamos o ressentimento, o que nos trará instantaneamente de volta para o terceiro plano. Quantos de nós sabemos que inconscientemente tendemos a ser pessoas ressentidas e vingativas? O eu oculto subcorrente é muito bom em revidar se for permitido atuar com seus próprios recursos.

Se alguém o rejeitar cruelmente, seu eu oculto subcorrente vai procurar maneiras de resolver o problema. Depois de fazer algum trabalho de crença, você pode descobrir que seu oculto subcorrente está tentando se vingar. A revanche pode ser um grande motivador às vezes, assim como a emoção da raiva, ambas podem atrasar a iluminação.

Um bom exemplo disso foi quando tive minha terceira filha, Brandy. Eu havia ganhado peso durante a gravidez e estava com tanta raiva de mim mesma que comecei a me criticar. Além disso, meu marido tinha uma chefe que o mantinha trabalhando em turnos dobrados quando, na verdade, ele não precisava. Mesmo como uma jovem mãe, eu sabia que ela realmente gostava dele (de uma forma sexual). Pensei: *Um dia eu vou dar um soco no nariz dela. Eu só vou ter uma chance.*

Essa foi a solução do meu cérebro de 20 anos. Então comecei a levantar pesos, imaginando acertá-la no nariz. Eu me exercitei tanto que perdi peso e estava tão bem que não me importava mais se ela tinha tomado meu marido, ela podia tê-lo. Eu me exercitei até que eu estivesse liberando os hormônios certos e voltei estar em forma e com saúde. A motivação para a revanche funcionou a meu favor, de modo que às vezes esses sentimentos negativos podem funcionar para nós de uma forma vantajosa, mas eu desperdicei muito tempo e energia, e deveria ter sido motivada de forma diferente.

A revanche é uma energia que faz você andar em círculos em vez de lhe fazer seguir em frente. Você pode passar a vida inteira procurando algum tipo de justiça por algo que foi feito injustamente a você. Mas é realmente justiça o que você busca? E você vai gastar boa parte de sua vida nesse esforço?

Existem dois tipos de revanche: direta e sutil. Seu eu oculto subcorrente pode estar trabalhando para se vingar de uma forma muito sutil de todas as pessoas que o machucaram de alguma forma na sua vida. Ele buscará revanche em algumas situações, e a maior revanche é o sucesso. Mas você pode ser um sucesso sem esse tipo de motivação? Seu eu oculto subcorrente pode se satisfazer se todas as pessoas que o rejeitaram virem o seu sucesso. Mas é muito melhor ser motivado por meio do eu superior. Caso contrário, você nunca se sentirá bem-sucedido o suficiente. Se você trabalha como curador porque você ama as pessoas, sempre haverá trabalho em abundância. A chave é compreender todos os aspectos de sua mente.

Assim que a revanche, o remorso, o ressentimento e a rejeição forem liberados, sua capacidade de se conectar ao Criador será aprimorada.

TRABALHO DE CRENÇAS PARA OS 3 Rs

Use os seguintes exercícios para ajudar você a trabalhar em questões relativas a ser rejeitado e a tristeza associada a isso. Primeiro, descubra do que você se arrepende, o que aprendeu com isso, e se você já finalizou o aprendizado com isso. Depois de fazer isso, você pode usar o exercício do perdão para perdoar a pessoa que causou o remorso ou trabalhar no perdão de si mesmo, e isso pode liberar a necessidade de revanche.

Seja com você mesmo ou com outra pessoa, trabalhe em um ressentimento de cada vez, um caso de rejeição e um remorso por 30 minutos por pessoa. A liberação da revanche será trabalhada por último em uma sessão de trabalho de crenças, se for necessário.

Para liberar essas questões, o leitor ou o praticante deve recorrer ao Criador ao longo do exercício, com perguntas como:

1. "Criador, por que estou arrependido?"

2. "Criador, o que aprendi com isso?"

3. "Aprendi tudo o que preciso com essa situação? Eu tenho que mantê-la?"

Nota: Se o eu de sobrevivência, o eu oculto subcorrente e o eu do ego estiverem tentando manter uma crença relativa a remorsos, ressentimentos ou rejeições, o cliente (ou você) responderá às perguntas sobre ressentimentos ou arrependimentos com um diálogo semelhante a este:

Praticante: "Qual questão está incomodando você?"

Cliente: "Não, não tenho problemas."

Praticante: "O que você aprendeu com quaisquer ressentimentos ou arrependimentos?"

Cliente: "Não aprendi nada com eles."

Ao trabalhar consigo mesmo ou com outra pessoa, sempre suba ao Criador de Tudo O Que É para encontrar suas respostas. Assim elas serão menos combativas.

Exemplo de trabalho de crença para ressentimento

Pergunta: "Quem você ressente? Quem feriu seus sentimentos e há tanto tempo? Qual benefício você obtém por se ressentir dessa pessoa?"

> Para obter mais informações, consulte o livro *ThetaHealing Digging – Cavando para Encontrar Crenças*.

Exemplo de trabalho de crença para rejeição

Pergunta: "Quem o rejeitou? Como você se sente com isso? Quando você se sentiu rejeitado e o que aprendeu com isso? Como isso motivou você? Quando você rejeitou outra pessoa?"

Eu oculto subcorrente

Pergunta: "Você está punindo essa pessoa ou consertando isso? O que você aprendeu ao ser rejeitado? Como isso o motivou?"

Exemplo de trabalho de crença para remorso

Quando você é jovem, você toma várias decisões e esse remorso pode lhe manter no passado; então é bom fazer teste energético para os seguintes programas:

- "Eu me arrependo por ter deixado de arriscar."
- "Eu me arrependo por ter magoado aquela pessoa."
- "Eu me arrependo por ter sido tão selvagem quando eu era mais jovem."

Quando você fica mais velho e mais experiente, muito de seu remorso vai embora. Você chega à conclusão de que era um jovem, e as memórias difíceis suavizam um pouco.

Nota: o cliente deve dizer por que se arrepende e o que eles aprenderam com isso.

EXERCÍCIO DO PERDÃO

A falta de perdão bloqueia a conexão com o Criador, para evitar isso use o exercício do perdão e finalize a prática anterior, de revanche, remorso, ressentimento e rejeição por todos que já feriram seus sentimentos. Isso pode liberar a sua energia de pessoas que não gostam ou odeiam você, de pessoas que estão enviando pensamentos negativos, de pessoas que você não gosta, ou de alguém que fez algo errado a você.

1. Vá até o Sétimo Plano e conecte-se ao Criador usando a meditação Caminho ao Criador (ver página 16).

2. Centre-se.

3. Comece enviando sua consciência para o centro da Mãe Terra, na energia de Tudo O Que É.

4. Traga a energia pelos pés, para o corpo e para todos os chacras.

5. Suba através de seu chacra coronário, eleve e projete sua consciência além das estrelas para o universo.

6. Vá além do universo, através de camadas de luzes, através de uma luz dourada, além da substância gelatinosa, que são as Leis, até chegar numa luz

branca perolada e iridescente para o Sétimo Plano da Existência.

7. Faça o comando ou pedido: "Criador de Tudo O Que É, é comandado ou pedido que eu perdoe (nomeie a pessoa).

8. Imagine que a pessoa que o machucou está parada na sua frente.

9. Imagine dizer a essa pessoa como ela o magoou e o que ela fez com você.

10. Imagine que você diz à pessoa que você a perdoa por ela tê-lo machucado. Ao dizer a essa pessoa que você a perdoa, observe sua reação.

11. Se a pessoa ainda estiver na sua frente na visão, e ela disser que está arrependida, isso significa que ela sente remorso em algum nível pelo que fez.

12. Se você chegar à conclusão de que ela sente remorso pelo que fez, então a energia do perdão vai proteger você das formas-pensamento de raiva que ela envia a você. Isso também permite que você tenha compaixão por ela.

13. Se, na visão, ela desaparece em cinzas, isso significa que ela não tem remorso, e isso afasta todos os pensamentos negativos de você.

14. Isso significa que a pessoa que tem ódio terá de lidar com seus próprios pensamentos negativos, e eles não poderão mais afetar você.

15. O que você precisa aprender com essa pessoa está feito, e você está protegido dela.

16. Se, na visão, ela ainda estiver na sua frente, sem dizer nada e sem se diminuir, o que você tem de aprender com essa pessoa não acabou.

17. Isso significa que você tem de fazer um trabalho de crença sobre a situação. À medida que você se livra da obrigação de que ela tem que ensiná-lo, ela começa a ficar menor e menor na visão.

18. Depois de terminar, enxágue-se com a energia do Sétimo Plano de Existência e se mantenha conectado a ela.

O perdão é a mais forte proteção porque quando você diz "Eu te perdoo" para alguém, isso significa que você não vai mais aceitar energia negativa dessa pessoa. Em alguns casos, a pessoa vai se desculpar com você, e pode ser que você possa se corrigir. Você deve se imaginar fazendo isso com apenas uma pessoa de cada vez. Você pode fazer isso com mais pessoas conforme suas habilidades se aprimoram, até com você mesmo.

PRESO AO PASSADO

Uma coisa que o remorso e a rejeição podem fazer é nos manter presos ao passado, impedindo-nos de avançar para o futuro porque repetimos o remorso e a rejeição incessantemente em nossas mentes.

Em um dos meus cursos, observei intuitivamente meus alunos subirem ao Criador para lembrarem o futuro deles. Eles não foram para a frente no tempo como deveriam. Eles foram de um lado para o outro para lembrar o que havia acontecido com eles. Não perceberam que o futuro está à frente deles.

Então eu notei que quando eles subiram para ver o tempo divino deles, sentaram-se imobilizados, sem qualquer percepção de onde ou o que era o **tempo divino**, sem saber que eles tinham de olhar para a frente no futuro ou de volta ao passado. Seu tempo divino pode ter começado há cinco anos, quando você começou a fazer curas, ou pode ainda estar no futuro.

RECONFIGURANDO O PASSADO, O PRESENTE E O FUTURO

Algumas pessoas estão presas ao passado e têm dificuldade de tomar decisões. Elas não sabem quais ações vão criar no futuro e vêm para se curar, mas só conseguem falar do passado. Dizem: "Eu perdi minha chance, eu era um zagueiro, mas eu estourei meu joelho, minha vida está arruinada." Ou: "Eu perdi minha chance. Comecei um negócio, mas ele falhou e minha vida acabou". Essas pessoas estão vivendo no passado. Para ajudá-las, não se complique, só reoriente-as, colocando as memórias do passado e do futuro no contexto adequado. Isso pode ajudar a pessoa a seguir em frente. Quanto mais conectados estamos com o eu superior, mais fácil é seguir em frente sem os fardos de experiências negativas anteriores.

Se você está fazendo um trabalho de crenças com outra pessoa (ou com você mesmo) e você os ouvir dizer "estou preso", você deve responder com: "mas se você não estivesse preso, onde estaria?". Isso vai ajudar a descobrir de onde vem a crença.

Algumas pessoas vão até os registros akáshicos e veem o "fim do mundo." O que eles estão vendo é um dos muitos futuros que pode ser mudado, porque ele é baseado nas escolhas que fazemos. Nossa civilização pode durar 10 mil anos ou três dias mais, porque todos nós influenciamos o futuro.

Downloads

Os seguintes *downloads* podem ajudar a reconfigurar a mente:

> "Eu sei em todos os níveis que é seguro realinhar meu passado, presente e futuro, e estou pronto para seguir em frente."

> "Eu sei como seguir em frente com minha vida."

> "Posso sempre aprender com o meu passado enquanto me movo para o futuro."

> "É fácil lembrar meu futuro."

> "É fácil lembrar do meu passado."

Para colocar a mente no contexto adequado, fazemos um "reset" do passado, presente e futuro. No exercício a seguir, experiências e eventos passados são organizados em arquivos como pastas que podem ser acessadas pela mente consciente, mas a mente os percebe como eventos passados que estão para trás, e os eventos futuros estão na frente deles. Isso limpa a mente para seguir em frente para o futuro.

Se eu fosse olhar para o meu cérebro e quisesse voltar e olhar meu passado, eu imaginaria os arquivos do passado diretamente atrás da minha cabeça viajando para trás e os arquivos do futuro na frente da minha testa indo para a frente.

Se eu for três anos no futuro, será mais complexo perceber do que se fossem três dias. Isso ocorre porque as decisões de outras pessoas afetam o resultado do futuro por meio da interação cotidiana. Existem, no entanto, algumas coisas sobre o futuro que não mudam.

RESETAR A MENTE

Este exercício ajuda a retenção e a organização das informações do passado. Eu o usaria com adolescentes que estão estudando para uma prova, para ajudá-los a ir para o futuro, onde eles poderiam testemunhar o teste atrás deles, no passado. Então eles poderiam se lembrar do teste, en vez de procurar as respostas em sua mente. Você pode usar este exercício sozinho ou com outra pessoa.

1. Centre-se.

2. Comece levando sua consciência para o centro da Mãe Terra, na energia de Tudo O Que É.

3. Traga a energia pelos pés, para o corpo, e leve a energia para cima por todos os chacras.

4. Suba através de seu chacra da coroa, eleve e projete sua consciência além das estrelas para o universo.

5. Vá além do universo, através de camadas de luz, através de uma luz dourada, além da substância gelatinosa, que é a Lei, a uma luz branca perolada e iridescente, ao Sétimo Plano da Existência.

6. Faça o comando ou pedido: "Criador de Tudo O Que É, é solicitado que todas as memórias do passado sejam colocadas atrás de mim em arquivos ou tiras de filme como experiências que podem ser acessadas conforme necessário, e o futuro está na minha frente como arquivos de memória que levam ao futuro e que são fáceis para eu acessar. Testemunho como todas as memórias passadas são devidamente colocadas como arquivos atrás de mim, e todas as memórias futuras colocadas à minha frente. Gratidão! Está feito, está feito, está feito".

7. Quando terminar, volte para a luz branca radiante, então diga: "Está feito, está feito, está feito", e abra os olhos.

Depois de fazer este exercício, você pode conseguir ver suas vidas passadas como arquivos. Isso ocorre porque os arquivos vão do passado, atravessando suas memórias genéticas passadas em direção ao futuro. Isso significa que os arquivos do futuro podem ser acessados ao relembrar o futuro e perguntar o que aconteceu da última vez que isso ocorreu.

O CORPO FALA

À medida que você se torna metafisicamente mais consciente, você pode ouvir as mensagens que os órgãos do corpo enviam uns para os outros. Sempre que um órgão está fora de equilíbrio, as mensagens que são enviadas a partir dele podem ser mal compreendidas.

Mensagens de micróbios

Algumas das mensagens que estão tornando você confuso podem ser de micróbios no seu próprio corpo. É importante entender quais são as mensagens do Criador e quais são as formas-pensamento do mundo microscópico que são criadas por causa do modo de sobrevivência. Micróbios somente interferem em você se você não percebe que eles estão o influenciando.

Mensagens de cândidas

Um pouco de cândida é uma ocorrência natural no corpo, mas quando há um desequilíbrio isso começa a ficar fora do controle. Se você aderir a uma dieta alcalina para se livrar da superabundância de cândida, o corpo vai ter desejo por açúcar. Esse desejo vem da emissão das mensagens da cândida ao corpo para que ele consuma açúcar. Pela mesma razão, se você aderir a uma dieta que exclui açúcar e farinha branca, a cândida vai começar a gritar por açúcar.

Você terá uma conversa no seu cérebro que diz: "eu mereço", "se eu quero, eu posso", "não acredito que estou me privando daquela barra de chocolate porque eu quero", "eu me amo o suficiente para comer essa barra de chocolate". É por isso que é importante se perguntar de onde esses desejos estão vindo. Acredito que é possível limpar cândida do corpo ao liberar ressentimento e culpa (desde que eles andem de mãos dadas). Lembre-se que alguns desejos por comida podem significar que você necessita dos nutrientes que estão nela, então é sempre bom perguntar ao Criador por que você está tendo esses desejos.

Mensagens de bactérias

Se uma pessoa intuitiva começa a tomar antibióticos para infecção bacteriana, ela pode ouvir a mensagem: "Este antibiótico está me matando. Vou parar de tomá-lo", esse pensamento não é dela, mas da bactéria que está sendo morta pelo antibiótico projetando-se no hospedeiro.

Algumas bactérias no corpo são benéficas, por isso apenas as bactérias negativas devem ser liberadas. Eu acredito que é possível eliminar as bactérias nocivas do corpo, liberando a culpa.

Mensagens de parasitas

Os parasitas enviam ao hospedeiro os mesmos tipos de mensagens que as bactérias quando são ameaçados. Por exemplo, se alguém usa remédio para matar uma tênia, elas dizem a mesma coisa durante dois dias de tratamento: "Este medicamento está me matando". Essa forma-pensamento está sendo projetada a partir da tênia.

Mensagens de vírus

Uma das minhas alunas veio até mim e disse que uma cliente dela estava possuída e não importava o que ela fizesse para liberar isso, voltava. Supostamente, ela estava possuída por um espírito errante. Ela dizia coisas como: "Eles estão possuídos por entidades".

Como eu sabia que errantes geralmente não possuem pessoas, perguntei ao Criador o que ela estava vendo, e Ele me disse que ela percebeu o vírus. Percebi que o leitor era bastante intuitivo e que vírus têm formas-pensamento e emitem inteligência (de um tipo), que podem ser confundidas com entidades. Então, quando a praticante tentou enviar os vírus para a luz, eles não deram ouvidos.

O que precisa ser feito com os vírus é trabalho de crença para transformá-los em um estado inofensivo. Não que essa Thetahealer fosse supersticiosa demais. Depois de milhares de leituras eu sabia como os vírus se pareciam e como eram. Mas como você ensina outra pessoa a conhecer a diferença e identificá-los?

Simples, você vai até o Criador e pergunta: "Criador, o que é isso? É um vírus?".

Às vezes, quando você trabalha com clientes, você estará conversando com a doença em vez da pessoa. Depois de entender a diferença entre falar com os clientes ou com a doença deles, eles vão ficar muito mais felizes com a sessão.

Se você começar a trabalhar com pessoas que têm vírus como o HIV, você deve saber que o vírus pode dizer ao seu hospedeiro coisas como: "Você precisa de mim", "Eu ajudei você a mudar sua vida", "Sem mim, você vai voltar ao que você era antes" e "Eu estou te ajudando". Esses são os pensamentos projetados do vírus em relação ao hospedeiro.

Se você tiver um vírus que está o deixando doente, às vezes o pensamento projetado é: "Eu sou um curador. Eu não poderia estar doente, eu sou um péssimo curador, eu deveria simplesmente desistir".

Toxinas

Exposição a toxinas, como produtos à base de petróleo, produtos químicos; metais pesados, como arsênio, mercúrio, chumbo, cádmio, cromo, níquel e manganês pode tornar difícil o entendimento das melhores respostas, porque toxinas criam emoções negativas. Quando essas toxinas forem eliminadas do corpo, será muito mais fácil conectar-se à verdade mais elevada.

Os pensamentos dos outros

Algumas pessoas são muito intuitivas e, às vezes, não sabem a diferença entre os pensamentos delas e os dos outros. Conhecer a pura essência do Criador os levará a perceber essa diferença. Quando você é criança, é fácil saber a diferença entre essas energias porque você está conectado ao Criador.

Percebemos formas-pensamento de todo tipo de coisa: objetos inanimados que tocamos, pensamentos de outras pessoas, especialmente aqueles de pessoas que estão perto de nós. Sem contar que estamos sendo atingidos por ondas de rádio de telefones celulares.

A LUTA DO DNA PELA SUPREMACIA

Nosso DNA é programado para sobreviver de modo que devemos combater o ego genético que nos diz: "Somos melhores do que os outros". Provavelmente há alguém em sua linhagem genética que acreditou que seu povo é o único "escolhido." Essa forma-pensamento impede que você obtenha respostas claras se essas crenças não forem substituídas. Para o Criador, todos nós somos "escolhidos".

Você pode ouvir mensagens que dizem que "Há apenas um como você", "Você é o único", "Você é melhor", e assim por diante, mas essas mensagens *não* são do Criador. Se você ouvir esse tipo de mensagem, é importante explorar se você tem alguma crença de superioridade ou preconceito contra os outros.

É válido notar que a maioria dos seus programas de DNA é de natureza positiva. Nossos ancestrais aprenderam muitas virtudes e instintos benéficos de sobrevivência que nos foram transmitidos. Às vezes, só precisamos entender nossas crenças genéticas, e não mudar todas elas.

FADIGA DO CURADOR

A maioria dos curadores tende a ter inclinações *workaholic* e muitas vezes precisa trabalhar em dois empregos para sustentar seu trabalho de cura, ou eles têm um negócio de cura e trabalham até esgotar suas suprarrenais.

Quando você tem um programa de que você não pode parar de trabalhar, suas suprarrenais ficam estressadas e você se torna mal humorado. Muitos curadores vêm me dizer que precisam ter mais controle de seus humores, mas é mais provável que estejam usando isso apenas para passar pela vida. Eles se levantam de manhã já cansados, e para continuar, eles aumentam seus níveis de cortisol, então ficam com raiva.

Estar excessivamente cansado causa raiva, que causa medo e bloqueia as mensagens claras. Pode não ter nada a ver com o quão "espiritualizado" alguém é, mas com a exaustão. E eu preciso dizer que curadores não desistem até que não consigam mais se levantar. É como "ficar ligado" internamente. Então saber quando descansar e cuidar da nossa casinha da alma é superimportante. Seu corpo é sua casa neste plano, e sem ele não podemos brincar!

EXAUSTÃO

Alguns curadores têm personalidade do tipo A e tendem a assumir tantos clientes quanto possível. Isso pode exaurir uma pessoa muito rapidamente. O Criador pode lhe dar energia, mas não se a única forma que você consegue descansar é se trabalhar até que esteja exausto, como um motivo para descansar. O eu oculto subcorrente adora usar a exaustão como desculpa para descansar, por isso é importante fazer um trabalho de crença. Dizer a si mesmo que você vai descansar não quer dizer que você vai realmente fazer isso. O que o descanso significa para você? Descansar significa visitar pontos turísticos no seu dia de folga? Você pode precisar de umas férias dos seus dias de folga! Aprender a descansar e realmente fazer isso é muito importante.

A exaustão pode impedi-lo de obter todas as respostas certas, mas não completamente. Talvez você tenha de ir até o Criador e continuar pedindo pela "minha mais alta verdade", e você se libertará dos grilhões da mente. Se você está exausto, e você sobe e pergunta: "O que há de errado comigo?", a resposta será: "Você está exausto".

MEDO

O medo é uma resposta natural de sobrevivência. Mas o tipo errado de medo bloqueia mensagens claras. Isso pode acontecer quando um cliente tem um desafio de saúde e está pedindo conselhos. Quando um cliente diz a você algo como: "Você tem que me ajudar, você é minha última esperança", o praticante deve deixar de lado o medo do fracasso.

Lembre-se, o cliente só precisa de 30 segundos sem medo para a cura acontecer. Se você tem medo de pedir mensagens claras do Criador, ou se você tem muito medo de fazer uma leitura intuitiva, então isso precisa ser liberado para uma boa comunicação.

RAIVA

Aprender a fazer curas sem ter raiva é muito importante. Digamos que você faça uma cura em um cliente e não funcione. Você vê o cliente sofrendo e fica com raiva do Criador. Isso é uma crença genética, mas também pode ser um hábito.

Nesse caso, aja como se estivesse fazendo trabalho de crença – como se você fosse um detetive particular que está resolvendo o caso. Ou aja como se fosse um cientista. Você fez uma cura, mas ela não funcionou, então tente uma nova fórmula. Se você usar essas abordagens, você não vai ficar com raiva do Criador. Deus não faz as pessoas ficarem doentes. Até porque, na maioria dos casos, demora um pouco para alguém ficar doente.

A raiva pode nos impedir de acessar a mais alta verdade. Se você está recebendo uma resposta quando estiver com raiva, é importante usar o bom senso comum. Pode não ser a verdade mais elevada. Se você está com raiva, decide fazer uma leitura e sobe em busca da resposta mais elevada, deixe a raiva para trás porque ela torna seus pensamentos pesados.

Algumas pessoas não percebem quando estão com raiva, no fundo, talvez porque nunca tiveram permissão para ficar com raiva. Mas o subconsciente sabe quando você está com raiva. Se você está no meio de uma briga com seu cônjuge e quiser ir até o Criador para pedir conselhos, você tem de perceber que não vai ficar com raiva quando você chegar ao Criador. A briga vai acabar, e você vai esquecer por que está com raiva. Se você quiser ficar com raiva, você não vai conseguir, pelo menos enquanto estiver conectado ao Criador.

Se você tem uma conversa colérica e acalorada consigo mesmo enquanto está dirigindo e diz a si mesmo: "Eu deveria simplesmente sair de casa", e você vai até o Criador e pergunta se você deve sair, você vai esquecer por que queria sair de casa. O Criador dirá coisas como: "Respire, apenas respire. Está tudo bem".

EU, EU, EU – ME DÊ, É MEU, EU QUERO...

Essas são algumas das características a serem observadas em você e nos outros porque podem bloquear uma comunicação clara com o Criador:

- Um senso exagerado de autoimportância;

- Preocupação com fantasias de sucesso ilimitado, poder, brilho, beleza ou amor ideal;

- Crença em ser "especial" e apenas compreendido por, ou deveria se associar a, pessoas (ou instituições) que também são "especiais" ou de alto *status*;

- Precisar de admiração excessiva;

- Ter um senso de autolegitimidade;

- Ser abusivo com as pessoas;
- Falta de empatia;
- Ter frequentemente inveja dos outros ou acreditar que os outros têm inveja de si;
- Ter comportamentos ou atitudes arrogantes e soberbos.

Você está ciente dos sentimentos dos outros ou os ignora? Você se impõe aos outros, independentemente dos sentimentos deles? Para sermos bons Thetahealers, precisamos saber o que está acontecendo, desde o paradigma da pessoa. Da mesma forma, devemos manter nosso espaço limpo. Temos de viver nossas vidas e não sair da nosso caminho para machucar alguém intencionalmente. Mas precisamos entender que podemos defender nosso direito de ser e de poder manter as coisas em ordem em nossas vidas. Devemos também ter uma bússola moral do que é certo e errado.

Se você está imerso no "meu, meu, meu, me dê, me dê, me dê, eu quero...", é difícil chegar ao Criador ou ser um bom curador. Manifestar coisas boas na sua vida não é ser narcisista. Não me entenda mal, você pode manifestar qualquer coisa para você, mas se a única coisa que você pensa ou com que se preocupa é você mesmo, isso vai impedi-lo de receber mensagens claras. É por isso que alguns curadores têm animais de estimação, namoradas (ou namorados), clientes, irmãos, irmãs, mães e pais e gastam muito do seu tempo com eles, para que não passem o tempo todo pensando em si mesmos.

RESPONSABILIZAR O CRIADOR

Se você culpa o Criador por algo difícil que está acontecendo na sua vida, isso o impede de alcançar o Sétimo Plano. Isso vem, sobretudo, de um programa genético de que o Criador está fazendo algo para nós e é baseado em sofrimento e medo da morte. É importante perceber o quão absurdo é culpar o Criador pelo dom da vida.

DAR ULTIMATOS AO CRIADOR

Todos os ultimatos ao Criador estão na mente. Se você está obcecado com pensamentos tipo: "Criador, se você me der um carro novo, eu vou curar pessoas", ou "Se você não curar essa pessoa, eu não vou mais acreditar em você", isso significa que você está conversando com seu subconsciente e não acessando o Criador. A energia da Criação não tem de provar nada a ninguém. Dar ultimatos ao Criador torna impossível acessá-lo porque ultimatos são formas-pensamento pesadas. Eles são a criação de um dos três primeiros aspectos, e você está simplesmente travado na sua mente.

Você pode dizer coisas como: "Criador, vou seguir meu caminho, por favor proteja meus filhos enquanto eu estou trabalhando". Isso não é um ultimato.

As pessoas vêm a mim e dizem: "Se você me curar, eu vou dedicar minha vida a Deus". Bem, é o Criador que vai curá-las! Elas não têm de barganhar com o Criador, nem comigo.

Antigamente as barganhas com o Criador eram comuns para as pessoas. Elas subiam ao Quinto Plano e diziam: "Criador, se você curar essa pessoa, eu vou dar meu braço direito por ela. Se você não curar essa pessoa, não vou mais acreditar em você. Se você não me mostrar um sinal amanhã, vou me afastar de você".

Esse tipo de cenário não funciona porque a energia da Criação é uma força vital, e você está vivo por causa dela. Ela não tem de provar a você que ela existe, já que ela é a base de tudo. Da mesma maneira, eu tive alunas que diziam: "Se este lápis se mover, eu sei que o ThetaHealing é verdadeiro", e o lápis se movia!

Ultimatos são a forma do cérebro de não ter de movimentar alguma coisa. Você não deve ir ao Criador e dizer: "Criador, vou encerrar meu caminho de vida a não ser que você faça isso ou aquilo para mim".

PRESSÃO DO GRUPO

Às vezes fazemos algo para agradar os outros, não porque queremos, mas pela pressão do grupo. Toda vez que estivermos nesse caminho, isso vai nos impedir de receber mensagens. É importante reconhecer quando isso está acontecendo.

Quando eu conto às pessoas sobre uma das minhas curas, elas às vezes dizem: "Prove". Quando eu dou o curso DNA 3, há pessoas que movimentam um lápis ou uma tesoura com suas mentes. Quando uma pessoa o desafia e diz: "Você faz isso", o cérebro pode congelar. Isso é muita pressão do grupo. Mas se você vai até alguém e diz: "Deixa eu ajudar você a fazer isso", funciona. Isso tira a pressão de você.

Claro que quando as pessoas dizem: "Você é um curador, cure isso", também é muita pressão de grupo. Afinal de contas, o Criador é o curador. A coisa é que se alguém o desafia a provar algo, eles não acreditariam se você de fato lhes provasse. Libere suas crenças e pare de se preocupar com o que outras pessoas pensam sobre você.

Eu tive muitos ThetaHealers tentando provar que eles são abundantes. Eles compravam todo tipo de coisa, de modo que os outros praticantes e instrutores pensavam que eles eram abundantes. Mas, na verdade, eles só estavam se afundando em dívidas.

Downloads

Use os seguintes *downloads* para ajudar a manter os canais de comunicação com o Criador limpos:

- "Eu sei qual é a sensação da minha família saber que eu estou seguindo meu coração."
- "Eu sei como é ser um curador de sucesso."
- "Eu sei como trabalhar com outras pessoas como amigos."

BRAIN CANDY

Quando você começa a subir ao Criador, seu cérebro se abre de muitas maneiras e você pode obter muitas informações intuitivas de várias fontes que eu chamo de **brain**

***candy*.**[1] Não me entenda mal, eu até gosto de alguns tipos de *brain candy*, como saunas infravermelhas e terapia de luz colorida que são potencializadas pelas leis do universo. Mas você pode ser pego em informações que mantêm sua mente superocupada, constantemente procurando mais teorias e conspirações. Isso pode ser algo que não é o puro conhecimento do Criador. *Brain candy* pode também ser aquelas pequenas verdades que são verdadeiras (ou majoritariamente verdadeiras) e podem obsessivamente ocupar a mente por longos períodos, tanto que interfere na nossa conexão com o Criador.

Como você escapa da elucubração mental quando seu cérebro é projetado para explorar coisas novas? Você não vai escapar disso, não completamente, mas é possível minimizar energias que não servem a você. O cérebro humano é dirigido por substâncias químicas e neurotransmissores que devem estar em equilíbrio. O cérebro se torna equilibrado quando você vai até o Criador. Quanto mais você sobe ao Criador, mais você vê sua vida a partir da perspectiva do Criador. Nessa perspectiva, tudo é fácil. Quando eu paro e olho para cada decisão que estou tomando, percebo que há um propósito para tudo e estou finalmente em paz.

Quanto mais você se abre, mais você chega a muitas percepções. Você pode descobrir que sua religião é boa ou não tão boa. Você pode obter mais informações dos alcances mais longínquos do universo sobre a multiplicidade de raças vivendo em outros sistemas estelares. Você pode ouvir que você é uma semente estelar de uma galáxia distante.

---

1. N.T.: A tradução literal de *brain candy* é "docinho para o cérebro". *Brain candy* é uma espécie de distração mental sem profundidade.

Não importa se você é uma semente estelar e se conectou a algumas consciências de Pleiades, de Arcturus ou de Orion. As chances de este planeta ser semeado por influências externas são muito prováveis, mas não se prenda nessa elucubração mental.

Você pode obter tanta informação quando sua mente está aberta em Theta que você esquece do que é importante: uma conexão com a energia única. O que é importante é lembrar de suas habilidades, mudar crenças limitantes e ajudar sua linhagem familiar, aqueles que estão no Quarto Plano e os que estão aqui.

Devemos estar conscientes de todos os planos da existência sem nos prender às elucubrações mentais que podem estar associadas a eles. *Brain candy* costuma ser bom, mas devemos sempre lembrar da verdade: nós nos conectamos ao Criador primeiro.

Princípios para Mensagens Claras

No capítulo anterior, cobrimos alguns tópicos que nos impedem de nos conectarmos à energia mais elevada. Este capítulo define os princípios que tornam a conexão com o Criador muito mais fácil.

BOM SENSO ESPIRITUAL

A energia do Criador não aceita solicitações negativas. Por exemplo, sobre a Lei do Livre-arbítrio: o Criador não vai provocar um ataque cardíaco ao seu chefe porque você não gosta dele ou dela.

O que é o Criador para você, e que tipo de mensagens você obteria a partir dessa energia pura? O Criador seria negativo ou dualista? Nunca! O Criador lhe diria para pular de um penhasco? Nunca! Você deve perguntar: "Esta é a melhor resposta?". Sempre use a lógica com intuição, peça a verdade mais elevada e continue perguntando até saber que é.

Depois de receber conselhos do Criador, você tem de seguir adiante com eles e colocá-los em ação. A mente pode criar vários motivos para não se guiar pela mensagem pura. Conhecendo o amor do Criador, lembre-se de ter fé na inteligência.

INTERPRETAÇÃO

Quando você canaliza informações puras, as mensagens que você recebe do Criador devem ser interpretadas corretamente. Até informações de pura canalização podem ser mal interpretadas pelo ego ou pelo eu oculto subcorrente. Se você não entende uma mensagem, faça mais perguntas até que você entenda.

Você não deve acreditar em nenhum livro canalizado até que tenha perguntado ao Criador sobre o conteúdo dele. Com os livros de história é a mesma coisa. O conhecimento da história é filtrado por diferentes influências e não é necessariamente o que realmente aconteceu. Isso inclui o que é postado na Internet e em alguns canais de comunicação. Esses fluxos de informação são tão bons quanto o que está motivando as pessoas por trás deles, que frequentemente têm uma curiosa falta de senso moral. Quando você lê algo, pergunte: "Criador, qual é a verdadeira motivação por trás desta informação?". Sempre peça informações puras.

REALIZAR

Uma coisa que pode ajudar a promover uma melhor conexão é ter uma ideia do que você pode realizar. Vá até o Criador e peça para ver três coisas que você pode realizar, e ficará surpreso. O Criador pode fazer qualquer coisa. Nada é mais poderoso do que Ele, mas à medida que você trabalha em suas crenças, seu nível de testemunho pode mudar. Quanto mais você pratica suas habilidades, mais você confia; quanto mais confirmação você obtém, mais você aprende e mais você pode fazer. Não bloqueie tudo o que você pode realizar.

O fato é que a maioria dos Thetahealers se esforça demais, e eles não desistem até que se conectem com o Criador. Essa é a fórmula para sucesso.

MOTIVAÇÃO

Um dos medos que os Thetahealers muitas vezes expressam é o de não serem capazes de ajudar alguém e que a cura não funcione. Mas quando eles colocam o medo fora da jogada, ainda que por alguns segundos, então as curas podem acontecer. No entanto, o curador deve ser perceptivo o suficiente para saber se o medo é deles ou do cliente. Quando um curador se conecta a um cliente, eles também se conectam aos medos de sua família ou cônjuge. Sempre suba e pergunte: "Criador, de onde esses sentimentos estão vindo?".

Se sua motivação é amar e ajudar os outros, você vai lidar muito melhor com a abundância. Se sua motivação vem do medo, você talvez não lide bem. A forma que isso funciona é a seguinte: seu eu superior conhece seu tempo divino: seu propósito de vida de ser um curador. Você sabe em algum nível que você vai ser um curador. O Criador se certificará de que você tem contas a pagar, para que você tenha de ir trabalhar para pagar suas contas, para se manter sendo um curador. Você tem de ir trabalhar na sexta-feira porque precisa pagar a conta de luz. Você tem que ir trabalhar na quinta-feira porque necessita pagar o plano de saúde.

Todas essas são grandes motivações, mas o dinheiro é apenas um papel. Então você pode pagar uma conta de 50 dólares ou de 50 mil dólares, e você ainda será capaz de sobreviver enquanto continuar sendo um curador. Não seria bom se você tivesse se programado para fazer isso por amor em vez de ser apenas pela conta de luz?

Não estou dizendo que finanças é a única motivação das pessoas, mas se você se comprometer consigo mesmo que irá ajudar outras pessoas, seus problemas de dinheiro diminuirão.

DESENVOLVER VIRTUDES

A alma está trabalhando no intuito de obter virtudes e este é o objetivo principal dela. Ela cria situações na vida de uma pessoa para desenvolver certas virtudes. Quanto mais você trabalha e alcança certas virtudes, mais claras são suas respostas. Levante-se toda manhã grato por estar vivo e seu corpo fará um bom trabalho. Agradeça ao Criador por tudo em sua vida. Suba ao Criador e pergunte quais virtudes você precisa dominar.

A PERGUNTA CERTA

Anos atrás, eu tive um aluno que me ligou chorando para me contar que o passaporte dele tinha expirado e que eles não o deixariam entrar no avião.

Ele não me contou aonde ele estava indo, então eu subi, olhei o futuro e lhe disse: "Quer saber? Você não quer ir para Bali agora". Ele se acalmou um pouco e foi do aeroporto para casa.

Naquela noite, houve um atentado terrorista com bomba em Bali. O aluno me ligou na manhã seguinte e disse: "Como você sabia daquilo? Como você sabia que eu estava indo pra Bali?".

Eu disse a ele: "Porque eu subi e fiz a pergunta certa: 'Criador, há uma razão pela qual essa pessoa não pode viajar?'".

O Criador me disse: "Evite viajar para Bali. Por ele não poder viajar, ficará seguro".

A ENERGIA VITAL

Nós estamos ensinando pessoas a subir e se conectar com o Criador. Mas nós temos de trazer as pessoas à consciência de que elas já são conectadas à energia vital. Estamos vivos por causa da energia vital. À medida que mudamos as crenças, vamos sentir a energia radiante da força de vida.

FORÇAS INVISÍVEIS

Uma coisa que ajuda a se conectar ao Criador e usar a energia vital é perceber e aceitar que há forças invisíveis ao seu redor. Se você aceitar que elas estão no seu entorno, as coisas se tornam muito mais fácil. Uma importante pergunta no ThetaHealing é: "Eu estou louco?".

Aguarde seu eu superior dizer que você está bem. Diga sempre a você mesmo que você está bem.

Acostume-se com as forças invisíveis. Se você encontrar um espírito errante que o atormenta, envie-o para a luz. Portas vão se abrir sozinhas e milagres acontecerão. Só relaxe, você conseguiu!

BRAVURA

É difícil viver sem medo se você insiste em implorar coragem ao Criador. Se você pede por coragem, você vai também obter o medo que vem junto. Coragem é enfrentar seus medos, superá-los é bravura. É necessário bravura para uma pessoa admitir seus erros. Mude seus pedidos ao Criador e peça por bravura. Bravura é não ter medo e reconhecer todas as vezes que você teve coragem.

Perceba que algumas coisas não são sobre calma ou medo. Elas só são o que são; se você fica nervoso em algumas situações, é normal. O dia que você não tiver emoções é o dia que você não deve ser um leitor intuitivo ou curador. Lembre-se quão incrível você é! Você tem de ter coragem e bravura para ser diferente dos outros.

DISCERNIMENTO VERDADEIRO

Discernimento verdadeiro do que é certo e do que é errado vem com tempo e experiência. Você tem de saber como fazer a escolha moral correta. Se você recebe uma mensagem e ela não soa moralmente correta, então ela não é.

REORIENTAR OS PENSAMENTOS

Se sua mente começa a vaguear e você se torna desfocado, sua conexão com o Sétimo Plano pode se perder. Reoriente os seus pensamentos. Se isso acontece e você recebe uma mensagem, pergunte a si mesmo se é uma mensagem que vem do Criador.

Uma coisa que ajuda é escrever o que você quer realizar e manifestar, mas permita a si mesmo focar e refocar seus pensamentos à medida que o futuro muda. Quando o futuro se torna o presente, as coisas podem mudar ou crescer de uma forma diferente da que você pretendia. Quando isso acontece, você precisa reorientar seus pensamentos para essa alteração em sua manifestação.

AJUDAR OUTRAS PESSOAS

Se você está incomodado com o que outras pessoas pensam de você, há um segredo que você deveria saber. Quando você ajuda outras pessoas, sua autoestima aumenta da forma adequada e é realmente fácil se conectar ao Criador.

CONFIAR NAS SUAS DECISÕES

Outro ponto importante é confiar em suas decisões. Diga a si mesmo: "Eu tomei essa decisão. Quais coisas boas aconteceram por causa dela?".

Uma das coisas mais importantes que você pode fazer é olhar para trás para todas as suas decisões e perguntar ao

Criador por que você as tomou. Você vai descobrir que você tomou aquelas decisões por razões incríveis que trouxeram você para quem você é agora. Olhe para cada decisão que você toma e você vai descobrir como seus aspectos interiores estão trabalhando por você e contra você. Uma vez que você vê como eles estão trabalhando por você, sua habilidade para manifestar vai melhorar.

CONFIAR NO CRIADOR

A vida dá voltas estranhas. Quando recebi meu treinamento de segurança nuclear, não percebi que isso ia me preparar para o que eu faço hoje. Isso me deu uma chance de fazer desenhos e leituras intuitivas nos intervalos. Isso também me mostrou que o mundo podia ser tão bom quanto ruim. Colocou-me no lugar certo para aprender a medicina naturopática, mesmo não sendo essa a minha primeira decisão. Minha primeira decisão era me tornar geóloga e estudar vulcões, mas em vez disso eu tomei outra decisão, baseada na confiança no Criador. Essa confiança me ajudou a estar preparada para aprender sobre meu ambiente, a viajar e a entender pessoas.

Para um curador ser o melhor que ele pode, deve haver um bom relacionamento com o Criador. A melhor forma de ter isso é aprender como confiar no Criador.

TEMPO DIVINO

Lembre-se, o tempo divino é sua jornada, seu propósito, é quando o universo está aqui para apoiá-lo, no momento certo. Com livre-arbítrio, nós criamos um plano antes de virmos para este planeta com um propósito.

Uma coisa que pode impedi-lo de conseguir ver seu tempo divino é a parte de sobrevivência do seu cérebro. Isso acontece porque sua parte de sobrevivência tem medo de você deixar sua família para trás. Tempo divino é algo muito bom. Você sabe que pode trazer sua família com você nessa jornada de tempo divino, de modo que eles também possam se iluminar?

Se você puder ver seu tempo divino, você pode fazer coisas muito interessantes. Em vez de sobreviver, você pode começar a viver e se tornar feliz. Se você está no seu tempo divino, você pode se tornar fisicamente forte. Se você souber qual é a sua jornada divina, você pode criar a realidade que você quiser. Você pode reconhecer isso quando está tentando corrigir algo do passado.

INTERVENÇÃO DIVINA

Intervenção divina é quando o tempo divino entra em jogo e o empurra para sua jornada e continua o empurrando para a frente. Você tem uma jornada divina e veio para cá por uma razão, às vezes com duas ou três jornadas para finalizar. Eu me lembro de olhar para o meu tempo divino quando eu estava nos meus 30 anos e me vi falando em frente a grupos de pessoas. Eu me lembro de pensar: "Isso não é a minha cara, como isso pode acontecer?". Mas quando eu comecei a fazer leituras intuitivas e a ensinar pequenas turmas, isso foi natural e fácil.

MEDITAÇÃO

Você pode estar bloqueando seu tempo divino, então é útil saber que a intervenção divina está trabalhando na sua vida. Este exercício vai mostrar a você todas as diferentes vezes que a intervenção divina veio para a sua vida. Permita que esse conhecimento reinicie sua mente da mesma forma como se você estivesse reorganizado o passado, o presente e o futuro.

1. Respire profundamente e feche os olhos.

2. Imagine energia vindo pela sola dos seus pés, movendo-se até o topo da sua cabeça, formando uma linda bola de luz.

3. Imagine que você está nessa bola de luz.

4. Imagine que você está subindo pelo universo, através de camadas e camadas de luz, por uma luz dourada, por uma camada gelatinosa, até chegar numa luz branca radiante que é o Sétimo Plano da Existência.

5. Faça o comando/pedido: "Criador de Tudo O Que É, é comandado ou pedido me mostrar minha próxima intervenção divina agora. Gratidão. Está feito, está feito, está feito".

6. Vá até o futuro para ver sua próxima intervenção divina.

7. Quando você tiver terminado, volte para o tempo atual através da luz branca brilhante e inspire profundamente.

Se você não viu seu tempo divino, é por uma destas cinco coisas:

1. Suba ao Criador e peça por qualquer coisa que o está impedindo de permiti-lo alcançar o seu tempo divino.

2. Suba ao Criador e peça: "O que eu estou perdendo?". Se você não receber uma resposta imediata, pergunte de novo.

3. Você pode estar com medo do seu tempo divino.

4. Você viu seu tempo divino, mas não o entendeu.

5. Você já está vivendo o seu tempo divino.

TRAZER A FAMÍLIA PARA A ILUMINAÇÃO

Toda alma sabe que se você tiver um despertar de iluminação rápido demais, você pode se entediar e não querer ficar na Terra. Então, muitos de nós só estamos saudosos da energia do Quinto Plano. É por isso que é importante trazer a energia de amor do Quinto Plano para a Terra e deixá-la se espalhar na família.

Muitas pessoas ficam com medo de se tornar iluminadas ou ascensas porque elas não querem deixar suas famílias para trás. Esse medo vem da nossa parte oculta subcorrente. Mas e se sua família se iluminasse com você? Não precisa ser só você que se move em direção à iluminação; sua família também pode. Transformar as crenças certas pode afetar positivamente sua família e ajudá-la a evoluir.

Muitos curadores têm a crença de que não podem ensinar os membros de sua família a se tornar iluminados, mas isso não é verdade. Eles ficam presos na ideia de que seus filhos serão sempre crianças ou de que seus filhos adolescentes serão sempre adolescentes. Mas filhos crescem e evoluem. A família precisa saber que seus sistemas de crença sobre espiritualidade não são uma ameaça a eles.

VIVER

Projete amor para o mundo e concentre-se em viver uma vida na qual sua alma se orgulhe. Quanto mais você vive sua vida dessa forma, mais claras serão suas respostas do Criador. Não espere até o mês seguinte ou ano seguinte para perceber que você é feliz hoje.

A BATALHA COM O EU DE SOBREVIVÊNCIA

Estar consciente do eu de sobrevivência ajudará com a iluminação porque você vai perceber quando estiver fazendo algo por um instinto de sobrevivência. A percepção de reações desnecessárias do eu de sobrevivência vai ajudá-lo a viver a vida plenamente.

É muito importante ser gentil com seu corpo e com seus pensamentos. Se nos levantarmos de manhã e dissermos: "Meu corpo não está bom", "Estou muito gordo" ou "Estou muito magro", o corpo pode aceitar esses pensamentos como uma realidade. Alguns programas positivos que me servem bem são: "Eu tenho um corpo resiliente" e "Ensinar ThetaHealing e me conectar com o Criador me dá força física".

É bom evitar dar permissão para que as habilidades intuitivas se desenvolvam antes que a mente e o corpo tenham o discernimento adequado para lidar com elas. Se o corpo humano não consegue acompanhar o crescimento das habilidades intuitivas, pode haver uma falha, por isso é melhor dar um passo de cada vez. A única maneira de evitar isso é começar a organizar os seus pensamentos.

Quanto mais pensamentos virtuosos, mais forte é o corpo. Se por um lado exercícios físicos são bons, exercer as virtudes é ainda melhor. Quanto mais virtuosos os pensamentos, mais o corpo vai se transformar e mudar com o crescimento da alma. Quanto mais negativos são os pensamentos que temos, mais estagnados e apegados à terra nos tornamos. Por causa de muitos pensamentos negativos, uma batalha começa dentro de nós.

A batalha é entre o velho eu e o novo eu que está se formando com os pensamentos virtuosos. À medida que você se torna mais iluminado, mais você terá medo de perder sua antiga identidade. Todo esse medo vem do eu de sobrevivência tentando nos manter no nosso corpo, neste Terceiro Plano. Isso vem de um antigo sistema de crenças que é instintivo em muitos de nós.

De maneira simplificada, esse sistema de crenças é o seguinte: se você atingir e mantiver uma vibração de forma-pensamento mais elevada, você irá querer ir para outras dimensões e deixar o corpo mortal. Se você pudesse estar em um outro lugar de puro amor onde todos tratam uns aos outros com amor e respeito, você gostaria de continuar nesta terra? É por isso que meus alunos dizem coisas como: "Eu sei que não estou chegando onde quero estar". Eles são Mestres

Ascensionados que estão despertando e, instintivamente, sabem que há muito mais para sua existência. Esses novos sentimentos podem ser percebidos como uma ameaça ao corpo físico pelo eu de sobrevivência.

O Criador me diz que essa batalha é uma perda de tempo. Se nós pudéssemos ter pensamentos mais virtuosos, nosso corpo seria saudável, e o eu de sobrevivência não se sentiria ameaçado. Agora podemos ser Ascensionados em um corpo humano e ajudar o mundo a ascender. Todos atravessam a batalha entre o eu de sobrevivência e o eu superior. Se não passaram por isso, ainda passarão. É por isso que é importante organizar conscientemente o que nosso cérebro e o eu de sobrevivência estão fazendo, então é o eu superior que dirige nossa vida. A partir de cada experiência ele está aprendendo. Organize seus pensamentos e reprograme seu eu de sobrevivência para que você possa ser saudável e seguir em frente.

DOENÇA

A doença pode dificultar alguém de obter respostas claras do Criador porque o eu de sobrevivência está em alerta máximo. Mas a cura pode acontecer se eles forem persistentes, contanto que a pessoa consiga se imaginar subindo ao Sétimo Plano.

Alguns curadores preferem estar perto de pessoas doentes porque, na maioria das vezes, elas são pelo menos educadas e agradáveis. O curador precisa entender que quando a pessoa fica bem, a personalidade dela pode mudar. Eu não posso lhe dizer quantas pessoas eu conheci que eram incríveis quando estavam doentes e tornaram-se difíceis quando ficaram bem. Mas, às vezes, isso funciona de maneira oposta.

DESINTOXICAÇÃO – PENSAMENTOS E CORPO FÍSICO

Uma coisa que pode ajudar na capacidade de meditar para obter respostas claras é desintoxicar seu corpo. Eu não estou dizendo que você não pode receber a melhor resposta se seu corpo está tóxico e se você não se sente bem. Eu conheci pessoas que estavam perto da morte que receberam respostas claras. Mas se seu corpo está tóxico, isso pode ser perturbador o suficiente para tornar difícil de se chegar ao seu chacra da coroa e manter o tipo certo de concentração.

É por isso que desintoxicar seu corpo com limpezas suaves, exercícios regulares e uma boa dieta pode ser benéfico. No entanto, desintoxicação com limpezas não são para todos. Fazer uma desintoxicação física requer muita força física. Muitas pessoas tomam todos os tipos de suplementos de detox para limpar os órgãos, mas desintoxicar seus pensamentos é a melhor maneira de desintoxicar seu corpo.

LEITURAS FAZEM VOCÊ MELHOR

Você é muito melhor nos dias em que faz leituras intuitivas porque quando você ajuda as pessoas, o cérebro libera a substância química da serotonina. Quando posso, faço uma leitura pela manhã para me colocar no estado de espírito adequado para o dia. Se você fica dois ou três dias sem se conectar ao Sétimo Plano, a verdade mais elevada se torna mais evasiva. Mas se você acordar todas as manhãs e se conectar ao Sétimo Plano, fica muito mais fácil obter respostas claras.

DEIXAR A DOR PARA TRÁS

Uma coisa que ajuda a obter respostas claras é ser capaz de viver sem dor. Viver com dor pode ser um ótimo professor, mas viver sem dor é muito melhor. Se você está em constante dor, ainda é possível conectar-se ao Criador, isso não necessariamente evita que você receba mensagens claras, mas pode ser um desafio. É muito mais fácil ser intuitivo quando você deixa a dor para trás. Pense em quão claro você pode ser sem dor.

Muitos curadores parecem ter dificuldade em aceitar a ajuda dos outros, então é bom explorar por que isso acontece com o trabalho de crenças. Eles são muito bons em aliviar a dor dos outros, mas não as suas. Eu sei de curadores que estão dando aulas e trabalhando com vários clientes e que, simplesmente, lidam com suas dores e, ainda assim, tocam suas vidas.

Acho que a dor é uma coisa que os mantém neste planeta. Desde que eles estejam com dor, ainda podem se conectar no mesmo nível que qualquer pessoa. Se estivessem sem dor, suas habilidades seriam ampliadas mais rápido, e eles poderiam ter medo do próximo passo que tem algo a ver com seu eu oculto subcorrente. Se eles dessem o próximo passo, eles não estariam em sofrimento.

Eu tenho uma teoria sobre a dor. Acho que se trabalharmos em nosso eu oculto subcorrente, vamos descobrir o que estamos ganhando com a dor, então poderemos viver sem ela.

PERGUNTE AO CRIADOR SOBRE O PROBLEMA E O QUE ESTÁ BLOQUEANDO VOCÊ

Suba até o Criador para pedir respostas sobre as motivações do eu de sobrevivência, do eu do ego e do eu oculto subcorrente. Pergunte ao Criador: "É o eu de sobrevivência, o ego, o eu oculto subcorrente, o eu superior, ou o Criador?" O que o eu oculto subcorrente está fazendo? Onde isso começou? É o ego? O que o eu superior está aprendendo?

Opcional: Vá ao Criador para encontrar as crenças raízes e as motivações do eu oculto subcorrente consigo mesmo ou com um parceiro.

Downloads

Use os seguintes *downloads* para ajudar a liberar problemas e questões:

"Eu sei como é resolver problemas em minutos."

"Eu sei o que é saber que sou importante e uma centelha de Deus."

"Eu sei o que é viver minha vida sem estar sempre em sofrimento."

"Eu sei como e o que é liberar crenças o suficiente para que eu possa seguir minhas habilidades."

"Eu sei como e o que é fazer a diferença."

MENSAGENS DOS PLANOS

Cada um dos Sete Planos da Existência tem uma assinatura energética, um sentimento próprio. É por isso que é importante perguntar:

- "Como soa uma mensagem de cada plano?"
- "Qual é a sensação?"
- "De onde isso está vindo?"
- "Quem ou o que está enviando a mensagem?"
- "O que isso está dizendo para você?"
- "Quais são as energias inerentes a cada um dos planos?"

Por exemplo, no Quinto Plano, existem mestres como Cristo, os anjos, seu pai e mãe celestial e todos têm uma energia distinta. Quando você se tornar mais experiente, você será capaz de saber a diferença entre a energia do "Tudo O Que É" e os mestres do Quinto Plano.

Algumas pessoas só aceitarão uma cura com a energia de um plano específico de existência, e para testemunhar a cura, você tem de conhecer a energia do Plano. Pode haver momentos nos quais você sobe até o Criador, comanda uma cura e você pode receber a mensagem: "Por causa do sistema de crença dela, essa pessoa só aceitará uma cura vinda do Quinto Plano". Quando isso acontece, não é incomum ver um anjo do Quinto Plano na cura.

Se você fizer uma pergunta às Leis do Sexto Plano, como: "O que eu preciso para que meu corpo se sinta melhor?". A resposta pode ser: "Você precisa deitar-se sob uma luz verde", ou "Coma melhor, durma mais e pare de fazer bagunça à noite". Esse tipo de mensagem é provavelmente de uma Lei. Mas se você subir e perguntar ao Criador, você pode ouvir: "Oh, você tem um corpo maravilhoso. Ele se esforça tanto. Só ame o seu corpo".

Para flexibilizar a energia das Leis do Sexto Plano, você deve dominar o suficiente certas virtudes. Isso ocorre porque as virtudes são formas-pensamento leves e tão poderosas que podem se mover pelo universo mais rápido do que a velocidade da luz. Formas-pensamento negativas são pesadas e nunca deixam a Terra. Com a combinação certa de virtudes, algumas Leis podem ser flexibilizadas para criar mudanças, e como um ser elevado do Quinto Plano, você deve se lembrar de como trabalhar com elas.

Um bom exemplo de como essas mensagens dos planos são diferentes vem de uma situação em que um homem veio até mim em aula e disse: "Vianna, aquela senhora ali me fez uma leitura intuitiva e me disse que estou traindo minha esposa".

Bem, eu podia ver que isso era verdade. Ele estava traindo a esposa dele. Se eu fosse subir e lhe dar uma resposta do Quarto Plano, seria sobre sacrifício, sofrimento, dualidade ou uma iniciação de algum tipo. Por exemplo: "Você está traindo sua esposa. Você deveria ter vergonha de si mesmo. Você está machucando muita gente. Você terá de trabalhar muito para se corrigir".

Se eu fosse para cima e lhe desse uma resposta do Quinto Plano, ela seria dual: "Por que você está traindo sua esposa?".

A resposta do Sexto Plano seria: "É verdade".

Mas se você subir e perguntar ao Criador, a resposta do Sétimo Plano é mais suave e seria: "Deve ser difícil amar duas pessoas". Essa mensagem não apoia a traição, apenas significa que a energia da criação conhece esse homem. Sabe o que há no coração dele, que todos são diferentes e ele pode querer explorar a possibilidade de que ele tenha medo de amar alguém completamente.

Você só pode trabalhar com as Leis se tiver dominado o suficiente as virtudes. Porque virtudes são pensamentos leves, enquanto que pensamentos como o ressentimento são pesados. A forma-pensamento das virtudes é poderosa. Elas podem se mover através do universo mais rápido do que a velocidade da luz. Com a combinação certa de virtudes, você pode se lembrar como flexibilizar algumas Leis para criar mudanças.

O SENTIMENTO DOS SETE PLANOS DA EXISTÊNCIA

Os exercícios a seguir o ajudarão a saber a diferença entre os planos da existência. Durante uma sessão de trabalho de crenças, é importante ser capaz de discernir de onde está vindo a mensagem. Isso também o torna mais consciente de si mesmo e de onde suas mensagens estão vindo, e o ajuda a saber como chegar à verdade mais elevada.

Pergunte a si mesmo: "Como seria se você estivesse na energia de puro amor falando com a mais elevada inteligência?". Às vezes podemos ir para o Sétimo Plano e, em seguida, acabar respondendo uma pergunta do Sexto Plano. O importante é saber o que você está fazendo e onde está se conectando.

Se você estiver trabalhando com outra pessoa, peça que ela o leve até o Sétimo Plano, faça o comando/pedido para perguntar ao quarto, quinto, sexto e sétimo planos a resposta à questão. Se você estiver trabalhando com você mesmo, vá até o Sétimo Plano para fazer o comando/pedido de resposta à questão, então vá para o plano da existência escolhido.

A pessoa que está recebendo a leitura intuitiva vai pensar na pergunta que vai fazer ao leitor. Essa questão deve ser séria e é a mesma para cada um dos planos.

Neste exercício, não vamos para o primeiro ou segundo planos. Isso ocorre porque uma resposta dos cristais do Primeiro Plano viria incrivelmente devagar. Se você perguntasse às árvores do Segundo Plano se você deveria se divorciar, elas perguntariam: "O que é um divórcio?" A resposta do reino das fadas do Segundo Plano pode ser: "Eita! Oh garoto! O que é divórcio?".

SENTINDO OS PLANOS

Neste exercício, vá até o Sétimo Plano e depois para um dos planos da existência.

Vá do Sétimo Plano para o Quarto Plano

1. Respire fundo. Concentre-se.

2. Imagine a energia subindo pela parte inferior do seu pés, subindo pelo topo de sua cabeça em uma

bola de luz, imagine que você está naquela bola de luz, passe pelo universo através de camadas de luz, através de uma luz dourada, através de uma substância gelatinosa espessa, em uma luz muito branca radiante.

3. Faça o comando/pedido: "Criador de Tudo O Que É, é comandado ou pedido que uma resposta do Quarto Plano para essa pergunta da pessoa. Gratidão. Está feito, está feito, está feito".

4. Imagine-se indo ao Quarto Plano para esperar a resposta. O leitor irá para o Quarto Plano para pedir uma resposta à pergunta do cliente.

5. O leitor indicará ao cliente que está pronto para responder à sua pergunta da perspectiva do Quarto Plano. Isso pode ter algo a ver com sacrifício ou iniciação.

6. Certifique-se de ir até a luz branca radiante quando terminarem.

Vá do Sétimo Plano para o Quinto Plano

1. Respire fundo. Concentre-se.

2. Imagine a energia subindo pela parte inferior dos seus pés, subindo pelo topo de sua cabeça em uma bola de luz, imagine que você está naquela bola de luz, subindo pelo universo através de camadas de luz, através de uma luz dourada, através de uma substância gelatinosa espessa, em uma luz muito branca radiante.

3. Faça o comando/pedido: "Criador de Tudo O Que É, é comandado ou pedido uma resposta do Quinto Plano para a questão desta pessoa. Gratidão. Está feito, está feito, está feito".

4. Imagine-se indo ao Quinto Plano para esperar a resposta.

5. O leitor irá para o Quinto Plano para pedir uma resposta à questão.

6. O leitor indicará ao cliente que está pronto. Essa resposta pode ter um pouco de dualidade. Certifique-se de que vocês sobem para a luz branca radiante quando terminarem.

Vá do Sétimo Plano para o Sexto Plano

Respire fundo. Concentre-se.

1. Imagine a energia subindo pela parte inferior dos seus pés, subindo pelo topo de sua cabeça em uma bola de luz, imagine que você está naquela bola de luz, subindo pelo universo através de camadas de luz, através de uma luz dourada, através de uma substância gelatinosa espessa, em uma luz muito branca radiante.

2. Faça o comando/pedido: "Criador de Tudo O Que É, é comandado ou pedido uma resposta do Sexto Plano a essa pergunta da pessoa. Gratidão. Está feito, está feito, está feito".

3. Imagine-se indo para o Sexto Plano para esperar pela resposta.

4. O leitor irá para o Sexto Plano e pedirá uma resposta à pergunta.

5. O leitor indicará ao cliente que está pronto. A resposta provavelmente será a verdade crua. Certifique-se de que vocês vão até a luz branca radiante quando terminarem.

Guia para o Sétimo Plano

1. Respire fundo. Concentre-se.

2. Imagine a energia subindo pela parte inferior dos seus pés, subindo pelo topo de sua cabeça em uma bola de luz, imagine que você está naquela bola de luz, subindo pelo universo através de camadas de luz, através de uma luz dourada, através de uma substância gelatinosa espessa, em uma luz muito branca radiante.

3. Faça o comando/pedido: "Criador de Tudo O Que É, é comandado ou pedido uma resposta do Sétimo Plano para essa pergunta da pessoa. Gratidão. Está feito, está feito, está feito".

4. Imagine-se indo ao Sétimo Plano para esperar a resposta.

5. O leitor irá ao Sétimo Plano e perguntará por uma resposta. O leitor vai indicar ao cliente que eles estão

prontos para responder a questão. A resposta virá da mais inteligente e amorosa energia já criada.

6. Certifique-se de que vocês vão até a luz branca radiante quando terminarem.

EVOLUÇÃO DA LINHAGEM FAMILIAR

O DNA da linhagem familiar é incrivelmente poderoso. O instinto de assegurar que a linhagem continue pode ser uma distração que pode impedi-lo de receber mensagens claras do Criador. Thetahealers parecem tomar essa responsabilidade para si, uma vez que sempre há uma pessoa em uma família que tem mais crenças genéticas negativas que precisam ser alteradas. A pessoa que tem a maior parte das crenças genéticas para alterar é a mais "desorganizada" na família. São eventualmente colecionadores e possuem muita coisa. Se a pessoa tem muitas crenças de nível genético que precisam ser mudadas, ela começa a ganhar peso sem razão. Se isso acontece com você e se sua casa fica bagunçada, libere a confusão e observe as crenças que aparecem. O mesmo vai acontecer se você ganha peso e em seguida começar a perder.

Algumas pessoas tem filhos de 30 anos que ainda não cresceram enquanto outros estão tomando conta dos seus pais mais velhos.

Quando as pessoas na sua linhagem familiar evoluem, você pode se tornar tão focado nesses membros familiares que você esquece todo o resto. Você pode até estar lidando com mensagens do seu próprio DNA que lhe diz coisas como: "Todo mundo na minha família falhou, mas eu vou ter sucesso". Agora que as pessoas na sua linhagem genética sabem que você está mudando suas crenças genéticas, elas provavelmente têm uma lista das deles, mas o melhor é subir ao Criador e perguntar o que é necessário ser alterado.

Então, agora, com a habilidade de identificar seus pensamentos vindos de algum aspecto de algum dos níveis de crenças, você pode entender melhor a si mesmo. Conhecer a diferença entre os aspectos – sobrevivência, oculto subcorrente, ego e eu superior – permite a você ter maior consciência e foco no seu propósito. Agora você sabe como determinar se suas respostas vêm da mais inteligente e amável verdade.

Mensagens Finais de Vianna

Conversar com o Criador todos os dias; agradecer o Criador todos os dias e honrar a vida em todas as suas formas. Acalme-se e perceba o ar e a luz. Aprecie a vida.

Suba e pergunte ao Criador, assim você pode evitar ter de aprender de maneira difícil.

Nem tudo é o que parece.

Pensamentos se movem mais rápido do que a luz; eles se movem e possuem essência, então cuide do que você pensa.

Muito do nosso tempo é gasto em formas-pensamento inúteis. Devemos aprender a focar e direcionar nossa energia de pensamento para a consciência divina.

Faça algo que você se orgulhe todos os dias.

Ação é muito importante. Você pode meditar em manifestações o dia todo, mas é preciso ação para que elas aconteçam.

Curadores passam por processos. Primeiro, nós acreditamos, depois nós sabemos, então nós fazemos. Isso é bastante simples.

Sempre que possível, não machuque nada nem ninguém.

Veja a verdade nas pessoas e, ainda assim, as ame. Você pode amar todas as pessoas, inclusive as pessoas más, desde que você esteja conectado ao Criador.

Cada pessoa é importante. Cada pessoa é uma centelha do Criador, e elas devem ser valorizadas como tal. Utilize um tempo para honrar a centelha divina. Eu sou constantemente relembrada de como todos nós somos parte de Tudo O Que É. Cada coração é importante.

Você precisa rir! Um bom senso de humor é a melhor forma de lidar com os desafios que a vida tem a oferecer. No fim das contas, a vida só é. Ela só é.

Toda experiência importa. Cada decisão trouxe você para esse ponto na vida. Você pode mudar, você pode acrescentar algo a si mesmo. Você pode redirecionar-se, mas só você pode decidir quem é você e o que você pode criar e manifestar. Conhecer a si mesmo é criar a si mesmo. Finalmente, nós criamos a nossa própria realidade.

Só o peixe morto vai com a correnteza. Você tem de ir em direção à verdade, ainda que ela esteja no começo do rio.

Nem todo mundo vai concordar com você ou gostar de você. Isso é livre-arbítrio, uma das leis mais importantes do universo.

Viva sua vida como se não houvesse segredos. Viva como um livro aberto, como se você pudesse contar a qualquer pessoa o que você fez a cada dia. Às vezes, os melhores segredos são mantidos ao compartilhá-los com o mundo.

As pessoas dizem que o tempo começa a acelerar quanto mais velho você fica, mas eu nunca achei que fosse assim. Para mim, o tempo passa da mesma forma de quando eu era uma criança. O que eu aprendi sobre a bênção da passagem do tempo é que não importa qual obstáculo está na sua vida, ele vai passar – tudo muda com o tempo. No entanto, há tempos que eu desejo que o tempo pare só para que eu possa apreciar o momento.

Lembre-se, isso é só um momento no tempo.

Quer brincar?

Glossário

Ciclo de sono

Um período de normalmente oito horas, nas quais estados de Theta profundo e Delta de sono ancoram novos conhecimentos no cérebro.

Consciente

Estar completamente ciente das ações e de si mesmo. É teorizado que a mente consciente dirige somente 10% do cérebro e o subconsciente os 90% restantes.

Conselho dos Doze

Seres elevados que podem ser chamados para conselhos imparciais, assistência e julgamento.

Crenças centrais

Veja os "quatro níveis de crenças"

Crenças da alma

Veja os "quatro níveis de crenças"

Crenças históricas

Veja os "quatro níveis de crenças"

Criador de Tudo O Que É

A mais inteligente, perfeita energia de amor, na qual tudo na existência é criado.

Downloads

Um processo de testemunhar afirmações positivas vindas do Criador de Tudo O Que É para a mente, como se ela fosse um computador.

Estado Theta

Um estado muito profundo de relaxamento, um estado de sonho de quatro a sete ciclos por segundo. Um estado criativo, inspirador, caracterizado por sensações espirituais. Veja também "sistema de cura".

Programas

Esses são padrões de comportamento que foram criados por crenças na mente.

Quatro aspectos

Cada um dos quatro níveis de crença tem quatro aspectos: sobrevivência, oculto subcorrente, ego e eu superior e a alma.

Quatro níveis de crenças

Há quatro diferentes níveis de crenças: crenças centrais, crenças genéticas, crenças históricas e crenças de alma:

- Crenças centrais: o primeiro de quatro níveis de crenças. Padrões de comportamento na mente subconsciente originários desta vida – principalmente decorrentes da infância – que se tornaram parte dos nossos programas. Frequentemente, é um esforço do subconsciente para nos proteger e nos manter seguros. Ao trabalhar neste nível, o praticante vai testemunhar mudanças no lobo frontal.

- Crenças genéticas: o segundo de quatro níveis de crenças. Herdamos crenças genéticas dos nossos pais e ancestrais até sete gerações para a frente e sete gerações para trás.

- Crenças históricas: o terceiro de quatro níveis de crenças. Essas crenças são de memórias de vidas passadas e há muitas razões para elas, incluindo:

    - Padrões de comportamento de mais do que sete gerações no passado.

    - Energias dos registros akáshicos.

    - Memórias de consciência coletiva de experiências pessoais de vidas passadas.

A energia de vidas passadas dos outros deixa marcas de experiências do passado encravadas em objetos inanimados. Em cada grão de areia, há memórias de tudo que já se viveu na Terra – experiências que nós carregamos até o presente.

- Crenças de alma: o último dos quatro níveis de crenças. Esses são os programas de crenças mais entranhados e profundos de todos. Se uma crença é repetida em mais de um nível, ela pode ir diretamente para o nível de alma. Ainda que sua alma seja oriunda de Deus, ela está sempre aprendendo.

Sete Planos da Existência

No ThetaHealing, o termo é usado para descrever os sete diferentes reinos que são separados pelo movimento dos átomos:

- Primeiro plano: átomos se juntam, movendo-se devagar para formas sólidas. Por exemplo: minerais
- Segundo plano: átomos começam a se mover mais rápido para formar plantas
- Terceiro plano: reino dos animais e proteínas
- Quarto plano: reino dos espíritos
- Quinto plano: reino dos mestres ascensionados
- Sexto plano: as Leis do universo
- Sétimo plano: a pura energia da criação, que se desdobra em nosso universo e cria quarks, que criam prótons, neutros e elétrons, que criam átomos, que criam moléculas.

Sistema de crenças

Um conjunto de crenças de um indivíduo ou grupo social sobre o que é certo e errado e o que é verdadeiro ou falso. Crenças que são empilhadas uma no topo da outra fazem o sistema ou cadeia de crenças.

Sistema de cura

Um processo de cocriação usando um estado Theta para testemunhar o Criador de Tudo O Que É fazendo uma cura, ajudando o corpo a se curar e melhorar.

Subconsciente

A parte da mente que rege o sistema autônomo do corpo, assim como alguns sentimentos e memórias. Seu maior objetivo é nos manter vivos e seguros. A atividade mental logo abaixo do limiar da consciência.

Tempo divino

Conhecer seu destino e permitir ao universo vir e ajudar você.

Teste energético

Um processo no ThetaHealing para testar os sistemas de crença.

Trabalho de crenças

Um processo de puxar e substituir sistemas de crença.

Trabalho de Digging

Um processo de descobrir uma cadeia de crenças, que estão empilhadas no topo uma da outra, e mudar a crença raiz ou crença chave.

Sobre os Tradutores

Giti Bond e Gustavo Barros são os pioneiros do ThetaHealing no Brasil e instrutores certificados como "Master and Science" (Mestrado e Ciência) no ThetaHealing pelo THInK – The ThetaHealing Institute of Knowlodge nos Estados Unidos.

Em 2010, na missão de trazer a formação completa para o país, ambos fundaram o Instituto Portal Healing Brasil, nas cidades do Rios de Janeiro e são Paulo, onde ministram todos os cursos de ThetaHealing para praticantes.

Além disso, ministram cursos em diversos estados do Brasil e do mundo.

Giti Bond e Gustavo Barros são os coordenadores dos cursos de Vianna Stibal e Joshua Stibal na formação de instrutores no Brasil.

André Dias Siqueira é formado em psicologia e em pedagogia, instrutor e terapeuta de ThetaHealing, trabalha em parceira com o Portal Healing Brasil e ministra cursos de ThetaHealing em diversos estados do Brasil e do mundo.

Portal Healing BRASIL

Travessa Carlos Sá, 10 – Catete – Rio de Janeiro/RJ – Brasil
Tel: (21) 3071-5533
Info: (21) 98494-9456
Administração: (21) 98569-6087
Produtos: (21) 21 99279-4285
Site: www.portalhealing.com.br
E-mail: info@portalhealing.com.br
Instagram/ Facebook/ Youtube: @portalhealingbrasil

Leitura Recomendada

THETAHEALING® OS SETE PLANOS DA EXISTÊNCIA
A Filosofia da Técnica Tehtahealing

Vianna Stibal

Desenvolvido primeiramente há mais de 25 anos por Vianna Stibal, o ThetaHealing é essencialmente física quântica aplicada.
Usando uma onda cerebral Theta, que até agora era considerada acessível somente em sono profundo ou meditação no nível do iogue, o praticante é capaz de se conectar com a energia de Tudo O Que É – a energia em tudo – para testemunhar as curas do corpo físico, identificar e mudar as crenças limitantes.

www.madras.com.br

Leitura Recomendada

THETAHEALING® DIGGING

Cavando para encontrar crenças

Vianna Stibal

Novo manual ThetaHealing® para os fãs dos ensinamentos ThetaHealing®, da autora best-seller Vianna Stibal, explorando passo a passo como descobrir quais são as crenças básicas e religar o seu pensamento subconsciente para uma cura profunda e transformadora. Neste livro complementar para ThetaHealing®, ThetaHealing® Avançado, ThetaHealing® Doenças e Desordens® e Sete Planos da Existência, Vianna Stibal compartilha um processo profundo a respeito de Digging, parte integrante da modalidade ThetaHealing®.

www.madras.com.br

Leitura Recomendada

THETAHEALING® DOENÇAS E DESORDENS

Doenças e Desordens

Vianna Stibal

Este é um guia definitivo para liberação das doenças a partir de uma perspectiva intuitiva, sendo complementar aos livros de DNA Básico e DNA Avançado de ThetaHealing, que introduziram esta técnica de cura surpreendente e suas poderosas aplicações para um público global. A ferramenta de referência perfeita para aqueles já familiarizados com o passo a passo do ThetaHealing. Aqui estão todos os programas, sistemas de crenças, percepções intuitivas, remédios e suplementos que Vianna foi encontrando como útil em certas doenças e desordens, com base na experiência em mais de 47 mil sessões com clientes.

www.madras.com.br

Leitura Recomendada

THETAHEALING® AVANÇADO
Utilizando o Poder de Tudo o que É

Vianna Stibal

Em seu primeiro livro, Vianna Stibal, a criadora do ThetaHealing®, apresentou esta técnica incrível para o mundo. Baseado em milhares de sessões com os clientes que experimentaram curas notáveis com Vianna, esse acompanhamento abrangente é uma exploração em profundidade do trabalho e dos processos centrais para ThetaHealing®.

www.madras.com.br

MADRAS® Editora

CADASTRO/MALA DIRETA

Envie este cadastro preenchido e passará a receber informações dos nossos lançamentos, nas áreas que determinar.

Nome _____
RG _____ CPF _____
Endereço Residencial _____
Bairro _____ Cidade _____ Estado ____
CEP _____ Fone _____
E-mail _____
Sexo ❑ Fem. ❑ Masc.   Nascimento _____
Profissão _____ Escolaridade (Nível/Curso) _____

Você compra livros:
❑ livrarias   ❑ feiras   ❑ telefone   ❑ Sedex livro (reembolso postal mais rápido)
❑ outros: _____

Quais os tipos de literatura que você lê:
❑ Jurídicos   ❑ Pedagogia   ❑ Business   ❑ Romances/espíritas
❑ Esoterismo ❑ Psicologia ❑ Saúde   ❑ Espíritas/doutrinas
❑ Bruxaria   ❑ Autoajuda   ❑ Maçonaria ❑ Outros:

Qual a sua opinião a respeito desta obra? _____
_____

Indique amigos que gostariam de receber MALA DIRETA:
Nome _____
Endereço Residencial _____
Bairro _____ Cidade _____ CEP _____

Nome do livro adquirido: ***Thetahealing® – Você e o Criador***

Para receber catálogos, lista de preços e outras informações, escreva para:

MADRAS EDITORA LTDA.
Rua Paulo Gonçalves, 88 – Santana – 02403-020 – São Paulo/SP
Caixa Postal 12183 – CEP 02013-970 – SP
Tel.: (11) 2281-5555 – Fax.:(11) 2959-3090
www.madras.com.br

MADRAS® Editora

Para mais informações sobre a Madras Editora,
sua história no mercado editorial
e seu catálogo de títulos publicados:

Entre e cadastre-se no site:

www.madras.com.br

Para mensagens, parcerias, sugestões e dúvidas, mande-nos um e-mail:

marketing@madras.com.br

SAIBA MAIS

Saiba mais sobre nossos lançamentos,
autores e eventos seguindo-nos no facebook e twitter:

@madrased

/madraseditora